へなちょこ教会長のおたすけ奮戦記

青春編

岩井 喜市郎

へなちょこ教会長のおたすけ奮戦記　青春編

目次

表紙・本文イラスト　金巻とよじ
表紙題字　芝　鳳洞

本書は平成二十二年から二十三年にかけて『実録・おたすけ奮戦記』のタイトルで『陽気』に連載していただいたものに二話加えて一冊にまとめ、加筆訂正したものです。内容はすべて実話ですが、実在しておられる方々に配慮して登場人物は仮名にしました。本人を思い浮かべながら「丸山さんは角山さん、大川君は小川君に」などと考えるのが楽しく、おかげでほのぼのとした気分で筆が進められたので、今さら実名に書き換えるのも憚《はばか》られてそのままにしました。ちなみに「宮田裕次」は拙著『お祖父ちゃん漫遊記』の主人公の少年の名前です。

あしからずご了承くださいませ。

宮田裕次こと　岩井喜市郎

はじめまして

はじめまして、僕の名前は宮田裕次って言います。家族は、僕と妻、それに三歳と一歳の娘、妻のお腹にもう一人。あ、言い忘れてた。僕は二十八歳です。つい最近教会長になりました。それから……えーと……、住んでいるのは和歌山で……。あのう、何やこう、固くなるといつもと調子が狂ってしまうので、もうちょっとざっくばらんに喋《しゃべ》ってもかまわへんかな？　かまわないって？　あぁ良かった。ほんじゃいつもの調子で喋るわな。

教会長って言うても、悲しいかな僕はその教会では寝起きできへん。なぜかって言うと、その教会は初代会長さんの子孫が所有してる農業小屋の片隅にあって、家主さんは天理教が大キライやから。三年前に初代会長さんが亡くなってからは誰も跡《あと》を継ぐものがなくて、上級教会で青年勤めをしている僕に白羽の矢が立ったわけや。せやから僕は家族と一緒に上級で暮らしながら、毎日十キロほど離れた自分の教会へ行って、周辺をにおいがけに歩いてる。家主さんからは「神さん持って早よう出て行け」って言われるけど、「そこを何とか」ってお願いしながら通《かよ》ってる。そこまで言えば大体の想像はつくやろうけど、教会って言うても名ばっかりで、六畳ほどの古い部屋に木の棚があって、親神様・教祖・祖霊様が並んで祀《まつ》られている。だから僕の一番の願いは、一日も早く借地借家でない教会をお与えいただいて、親神様・教祖・祖霊様にお鎮《しず》まりいただくことや。経験もないし、ろくにお話もできへんけど、とにかく僕は毎日それを願って歩いてる。

そんなこんなの『へなちょこ教会長のおたすけ奮戦記　青春編』のはじまりはじまり。

エラい場面に出くわした

六月二十日午前八時、僕はいつものようにハッピ姿で山手病院二〇七号室の前に立った。この時刻にここへくるのは僕の日課や。この部屋は看護師詰所の正面やから、ハッピで病室に入るのには最初はずいぶん勇気がいったけど、三カ月も同じ日課がつづくと何やら朝の風景になったみたいで誰も注目しなくなった。それどころか最近では詰所に向かって会釈《えしゃく》すると、中から看護師さんが会釈を返してくれるようになった。

僕は病室に入る時には歌を唄いながら入ることに決めてる。病院はただでさえ陰気なので、湿っぽい顔で入ると病人さんが余計に陰気になるからや。それと、歌を唄うことで自分を鼓舞《こぶ》するため。むしろこの意味の方が大きい。

病室の前で息を吸い込む。よし、今日も行くぞ。

「♪おっはよう、おっはよう、みんな元気におっはよう、声を揃えておっはよう」

ノブを回してドアを押す。いつもなら山中のお爺ちゃんがこちらを向いて微笑んでいる、はずやった……。

突然、槍《やり》のような視線が束《たば》になって僕に突き刺さった。何人かがすごい目で僕を睨《にら》んでる。見ると手前のベッドで酸素マスクをしたおばさんが苦しそうに顔を歪《ゆが》めていた。驚いた僕は小さくなって「スミマセン」と謝って、カーテンで仕切られた奥へ急いだ。この二〇七号室は二人部屋で山中さんは窓側のベッドや。昨日までこの部屋には山中さんしかおらんかったので、まさかこんなことになってるとは思わへんかった。

カーテンを開けて「山中さんおはようございます」と顔を覗《のぞ》かせると、見知らぬ人が「前の人は退院したでぇ。ワシは入れちがいに入院したんや」と怪訝《けげん》な顔をした。何ちゅうこっちゃ、退院するならそう言うてくれたらいいのに。僕は消え入りたい気持ちで、さっきのベッドの足元をすり抜けて部屋を出ようとしたとたんや。その時、「お母ぁん、死ぬな、死んだらあかんっ」って声が聞こえて、とたんに背筋が伸びた。

——そうや、おさづけや。オレはおさづけを取り次ぎにきているんや——

次の瞬間、僕はベッドに向き直って、

「あ、あのう、わ、私はごらんのとおり天理教の者です。奥のベッドの人にお祈りをさせてもらいにきました。見ればずいぶんお困りのようですが、神様にお祈りをさせて……」、と言いかけた。しかし言い終わらないうちに、

「アホかっ、見たら分かるやろ。お母ぁんは命が危ないんじゃ。それをオマエは歌なんか唄いやがって。寝ぼけたこと言うてたら承知せんぞっ」って怒鳴り声が響いて、僕はビビり上がってしもうた。さっき「お母ぁん、死ぬな」って叫んでた兄ちゃんや。僕の歌がよっぽど気にさわったらしく本気で怒ってる。

「そそ、そんなに、じ、時間は取らせま……」。アカン、舌が引きつってうまく喋られへん。

「うるさいわいっ、出て行けっ」——兄ちゃんは血相変えて詰め寄ってくる。額の剃《そ》り込みにつり上がった目、ものすごい形相《ぎょうそう》……。

あまりの剣幕に気圧《けお》されて後ずさりしたその時、背中のドアが開いてお医者さんと看護師さんが入ってきた。

「皆さん、救命処置が必要ですので、全員廊下へ出てください。大至急です！」

緊迫した医者の声に部屋の空気が凍り付いた。

その場の人と一緒に廊下に押し出された僕は、それでも何とかおさづけをさせてもらいたいと思って廊下で待っていた。

十分くらい過ぎたころ、さっきの家族の中から一人のおじさんがタバコを取り出しながら前を通ったので、僕は思い切って「あのぅ、病人さんはどんなご容態なんですか？」と尋ねてみた。

「心筋梗塞《しんきんこうそく》の発作や、これでもう三回目や。今回は危ないみたいやナ」

おじさんは僕を一瞥《いちべつ》しながら、それだけ言うて行ってしもうた。

――橋本清子さん、心筋梗塞。

これは何としてもおさづけを取り次がんと……――

僕は入口の名札と病名を交互に呟《つぶや》きながら固く心に決めたんや。

それからたっぷり一時間。病室から看護師さんが顔を出して「ごく近い家族の方だけ病室に入ってください。それ以外の方はご遠慮ください」と言うた。その声に、例の兄ちゃんを先頭に、ご主人らしき人とお婆さんが病室へ入って行った。

廊下の窓に細かな雨粒がかかる。窓の下では傘をさした人々がやってきては帰っていく。二十分、三十分、一時間、と時は流れるが状況は変わらへん。時間と共に、張りつめていた僕の気分も少しずつ萎《な》えてきた。心の片隅で「やっぱり無理かナ」という思いがちょこっと顔を出す。「アカンぞ、つまらんことを考えるな」とかぶりを振って打ち消す。そんなことを繰り返しながら、最後は「せめてもう十分……」「あと五分……」と時間を区切って待ちつづけたが、時計の針が十二時を指した時、とうとう心の糸が切れてしまうた。

◇　◇　◇

梅雨の雨が辺りの景色を霞《かす》ませている。空気がやけに湿っぽい。僕の軽自動車は雨の中を教会目指して走る。

ハンドルを操《あやつ》りながら、僕は猛烈な後悔に襲われていた。思わずヤケが口に出る。

「あー、オレって何て意気地なしなんやろ、あの時、土下座してでもおさづけをさせてもらうべきやった。ホンマにオレは根性なしや。教会長の風上にもおけんヤツや……」

誰にも聞かれないのを幸いに、大声で叫びながら自分の頭をポカポカ殴ると、車のワイパーまでが首を振りながら「根性なし、根性なし」ってバカにする。

考えれば考えるほど自分に腹が立つ。そうかといって、今すぐに引き返す勇気もない。僕はブツブツと独り言をつづける。

――このままやったらオレは教会長失格や。一生後悔するにちがいない、さぁどうする。引き返すなら今やぞ……――

車を左に寄せて停止した。けど、あの兄ちゃんの顔が浮かんできてUターンするのをためらってしまう。

――あ～ぁ、やっぱりよう戻らん。どうしよう……。このまま教会へ帰るのはいかにもふがいないし……――

その時やった。すばらしい考えがひらめいたんや。僕は嬉しくなって思わず声を上げた。

「そうや、教祖に行ってもらおう。僕はおともだけしたらええんや。そうやそうや」

頭に電球マークが点《つ》いた僕はアクセルに力を込め、再発進した。教会までもう少しや。何か知らんけど興奮してきた。

教会へ着いた僕はまず自分の部屋に飛び込んだ。まずは着替えや。Tシャツを脱いでカッターシャツにネクタイ、プレスのきいたズボン、それに一番新しいハッピ。

――これで良し、さあ行くぞ――

神殿で親神様に今朝からの成り行きを報告し、「どうかお守りください」とお願いした。それから教祖殿へ向かう（最初に説明したけど、僕は教会長ではあるけど今の立場は上級教会の住み込み青年や。僕が今住んでる上級教会では教祖殿が長い廊下を隔てて離れになっている)。

教祖殿の前で、僕は廊下に座って大きな声で教祖に「教祖、お部屋に入れていただいてもよろしいですか?」と話しかけた。もちろんそんなこと生まれて初めてや。それまでは両手に三方を持って足で障子を開けたこともたびたび。まさに〝君子《くんし》豹変《ひょうへん》す〟やナ。教祖、今までゴメンなさい、もう決してあんなことしませんから。

すると中から「お入り」と聞こえたような気がしたので、僕は障子を開けて中へ入った。それから教祖の前までにじり寄って「教祖、お願いに上がりました」と平伏した。

「先ほど、山手病院へおたすけに行ったところ、橋本清子さんという方が心臓病で苦しんでいるのに出会いました。何とかおさづけしたいと思ったのですが断られました。もう一度行かねばと思うのですが、どうしても勇気が湧いてきません。この上は教祖にお出ましいただき、おともさせていただくしかないと考え、お願いに上がりました。どうか教祖お出ましくださいませ」

額を畳にすりつけてお願いした。すると頭の上で――「わかったよ、行ったげましょ」と聞こえた（ような気がした）ので、僕は思わず「ありがとうございます」と大声で御礼を申し上げたんや。それから僕は「ただ今から車の準備をしてまいります。少しお待ちくださいませ」と申し上げて、教祖殿を飛び出して玄関に向かった。

車と言ってもいつもの軽バンしかない。オンボロの二ドア軽バンを玄関前に横付けして、教祖殿へ取って返す。

再び教祖の前で平伏して「教祖、車の準備ができました。どうぞお出ましくださいませ。こちらでございます」と申し上げ、先に立ってご案内した。「こちらでございます、その車でございます。ボロで申しわけありませんがどうかお乗りくださいませ」。傘を差しかけてお乗りいただく。再び教祖殿へ戻って戸締まり。また車へ。

「お待たせいたしました。それではただ今から山手病院へ向かわせていただきます」

助手席の教祖に申し上げ、エンジンをかけた。

何かが降ってきた？

車は雨の国道を一路山手病院に向かう。僕は教祖に今朝からのできごとを逐一《ちくいち》申し上げ、「ホンマに僕は根性がないんです」とぼやいているうちに早くも病院の前に着いた。二階を見上げたら兄ちゃんの顔が浮かんだ。俄《にわか》に心臓が高鳴りはじめる。

病院の前ではガードマンが車の整理をしていた。僕はそれを横目に見ながら正面入口ドアの真ん前に車を停めた。ガードマンが叫びながら飛んでくる。

「困るやないか、そんな所に車を停めたらぁ」

そんなことにかまっておられない。車から降りた僕はその声を無視して助手席のドアを開け、教祖に傘を差しかけながら申し上げた。

「教祖、こちらが山手病院でございます。どうかお出ましくださいませ」

僕の声があまりに大きかったからか、行動が理解できなかったからか、ガードマンは目を丸くして突っ立っている。僕は教祖を先導して自動ドアの前に立った。

ドアが開くと中は待合室や。待合室は普段はいつも満員で、空席なんかめったにない。

――どうか空席がありますように……――。祈る気持ちで見わたすと、やったぁ、向こうに空いた椅子が一つある。

「あ、教祖、あそこに席が空いております。あの席でしばらくお待ちくださいませ。どうぞこちらでございます」

ハッピ姿の僕が半身になって教祖を案内すると、人波が僕を避けて左右に分かれた。椅子も、目指す席だけでなくて両隣やその次の席の人までが立ち上がって空席がいっぱいできた。怖くて前しか見れないけど皆の奇異の目が注がれているのが分かる。僕は思った。

——ここまできたらもう引き返すことはできへん——

教祖にお座りいただいた僕は、その前にひざまずいて申し上げた。

「教祖、私は今から車を駐車場に入れ、その後、二〇七号室へ行っておさづけをさせていただけるようお願いしてまいります。どうかその間お待ちくださいませ」

それから僕は正面玄関前に放置していた車を片付けて、二階に上がった。

二〇七号室の前で名札を確かめた。「橋本清子」の名札がかかっている。まだ出直してはいない。〝フンッ〟と気合いを入れて〝面会謝絶〟のドアを押した。たちまち射《い》るような視線が突き刺さってくる。予想どおり例の兄ちゃんはすごい目で僕を睨《にら》みつけてる。腹を決めてきたつもりやったけど急に足が震えだした。心臓の音が脳天まで響いてる。

「あ、あのぅ……さ、先ほど訪ねてきた天理教の者です。あれから丸寺（僕の住んでいる地名、病院とは約十キロ離れてる）まで帰ったのですが、こちらの病人さんのことが気になって気になって……。また戻ってきました。どうか僕にお祈りをさせてください。時間はとらせません」

　体はカチカチ、口はカラカラ。けど必死で喋った。言うより先にあの兄ちゃんが「このぉ、またきたんかオマエはァ、帰れって言うたやろっ、出て行けぇっ」と怒鳴った。すると横にいたお婆さんが「まあまあ、大きな声を出すな」と兄ちゃんを制し、僕に向かって、「あんた、さっきの人やな？　そうかい、あんた丸寺から戻ってきてくれたんか。なぁ皆、この人は悪い人とは

ちがうみたいやし、時間もかからんって言うんやから、お祈りをしてもらわんかい、どうや？」って言うた。周囲の人たちが口々に「かまへんやん」「してもらおうや」と応《こた》えたので、お婆さんは兄ちゃんに「オマエもかまわんやろ？」と念を押した。兄ちゃんはふくれっ面で返事をしなかったけど、お婆さんはかまわず僕に「ほな、よろしゅう頼みます」って言うてくれた。予想外の展開や。僕は天にも昇る気持ちで「ありがとうございます。それでは今から大切な方をお呼びしてきます」。言うなり病室を飛び出し階段を駆け下りた。

待合室は相変わらず満員や。立っている人も大勢いる。ところが教祖のお座りになっている席は、見た目には空席や。もう僕は鳥肌が立つほど興奮して「うわぁ、やっぱり教祖やー」って叫びそうやった。

僕は教祖の前にひざまずいて申し上げた。思わず鼻息が荒くなる。

「やりました、やりました。教祖、二〇七号室の橋本さんがおさづけを受けてくださることになりました。どうかご足労をお願いします。こちらでございます」

腰をかがめ、手の平を上に「どうぞこちらです」とご案内すると、人々が勝手に通路を空けてくれる。その姿勢のまま教祖に階段を上がっていただき病室の前に着いた。

ドアを押し開け、「教祖、こちらの部屋でございます」とお招きした。見るとベッドの脇に椅子が準備されて、向こう側に家族が一列に並んでる。

「ただ今、天理教の教祖《きょうそ》をお連れしてまいりました。教祖《おやさま》、どうぞこの椅子へおかけくださいませ」

皆に教祖を紹介し、用意された椅子にお座りいただいた。その時の家族の顔……。お互いに顔を見合わせてキョトンとしていた。

それから僕は教祖の椅子に、というか教祖の膝の上に腰を下ろしておさづけにかかった。

「親神様、そしてこの場におられるご存命の教祖、ただ今よりおさづけを取り次がせていただきます。これの橋本清子五十歳でございます。心臓の病で危ないところ、どうか無理な願いとは存じますが、お救《たす》けくださいますようお願い申し上げます」

額から首筋から滝のような汗が流れる。大きな声でお願いの筋《すじ》を申し上げて、いよいよお取り次ぎや。

――教祖、どうぞ、どうぞよろしくお願い申し上げます――

「あしきはらいたすけたまえてんりおうのみこと　あしきはらいたすけたまえてんりおうのみこと　あしきはらいたすけたまえてんりおうのみこと」

手振りをして両手を受けると異様な感覚がある。何やこれは？　手の平に冷たいものが降ってきた。僕は目をしばたいて手の平を見つめ直した。何も見えへんけど確かに何かを感じる。

――きっと教祖や！――

一瞬、後頭部が痺《しび》れた。僕は〝何か〟をこぼさないように病人の左胸に押しつける。「なむたすけたまえてんりおうのみこと　なむたすけたまえてんりおうのみこと　なむたすけたまえてんりおうのみこと」

二回目の手振り。終わって両手を受けるとまたしても冷たいものが降ってくる。やっぱり錯覚とはちがった……。

かくしておさづけの取り次ぎは終わった。もう下着までビショビショや。ふと、神様のお話をせねば、と思ったので、話のきっかけを作るために「この奥さんは何歳ですか?」と尋ねた。本当は聞かなくても分かってる。ベッドの枕元には氏名や年齢が書かれた札がかかってるもの。すると病人のご主人らしき人が「最近五十歳になったところです」って応えてくれた。僕はとっさに適当な言葉が見つからず、言うに事欠いて大変なことを言うてしもうたんや。

「そうですか、五十歳ですかぁ。じつは私の母も昨年五十歳で亡くなったんですわ……」

言うた後で――しまった、えらいこと言うてしもた――と気がついたものの後の祭りや。ざわついていた家族が急にシーンとなった。僕は体中から冷や汗が噴き出してきて、ようやく「それではこれで失礼します」とだけ言うておいとましたんや。帰り道も教祖をご案内して車に乗っていただいたものの、さっきの失言が無茶苦茶心にかかって、「教祖ぁ。オレってホンマにアホですわ。何であんなこと言うてしもたんやろ」と悔いるばかりや。教祖も横で苦笑しておられたにちがいない。

明くる日は打って変わって好天気。でも僕は天気とは逆に憂鬱《ゆううつ》やった。いつものように病院へ向かってるんやけど気が進まへん。何でって、昨日の行動で、僕は見ていた人たちから〝気がおかしい人〟と思われてるにちがいないし、病院からも「もう来ないでください」って断られるかも知れへん。けど病人さんの様子も知りたいし、教祖に報告せんならんし……。

病院の駐車場でしばらく迷ってから、「えい、ままよ」とドアを開けて外に出た。昨日のガードマンがハッピ姿の僕を見ている。止められなかったのでそのまま中へ入る。何人かの目が僕に向いたけど案外反応がない。内心はビクビクしながらも何食わぬ顔で待合室を通り抜けて二階へ上がった。二〇七号室の前で看護師詰所を振り返る。皆が忙しそうに立ち働いていて誰もこっちを見ていなかった。あらためて病室の名札を確かめる。ある！　まだある、『橋本清子』と書いてある。

やったぁ、生きている。

ホッと胸をなでおろして僕はドアのノブに手をかけた。音を立てないようにそっと回してドアを押す。わずかな隙間から中が見えた。誰かがこちらを見てる。目が合った。やばい、「帰れっ」の兄ちゃんや。うわぁ、こっちへくる。

ドアが開いた、兄ちゃんが現れる。僕は固まって動けない。兄ちゃんは「やっぱり昨日の天理教や」って言いながら僕を引っ張り込んでドアを閉めた。万事休す、殴られる……。

——ところが——

兄ちゃんはあらためて僕の手を両手で握りなおして、「天理教の兄ちゃん、おおきに、おおきに。オマエはお母《か》ぁんの命の恩人や。見てくれ、お母ぁんたすかったんや」って涙声で言うんや。

僕は何が何やらわけが分からず、身をすくめたまま薄目を開けた。すると昨日危篤やったおばさんがベッドに半身を起こしてお粥《かゆ》を食べている。おばさんは僕の方を見てニッコリ微笑んだ。

「昨日は知らない間にえらいお世話になったそうで。私、あまりの苦しさに〝神様、もう早く死なせてください。早く楽にして……〟って祈ってたら、夢の中で誰かが私の胸を撫《な》でてくれたような……。その時から急に楽になりましてん。後で聞いたらその時に天理教の人がお祈りしてくれてたとか。あんたでしたか。ホンマにおおきに、おおきに」って言うた。僕は夢を見るような気持ちでそれを聞いていた。

ふと我に返ると、兄ちゃんはまだ僕の手を握りしめてる。「おおきに、おおきに」って何度も呟いてる。僕は目の奥がだんだん熱うなってきて、泣きそうになったのでグッと奥歯を噛みしめた。すると兄ちゃんは思い出したように――「神さんにたすけてもろたんやさかい、御供えをせなアカンな。よっしゃ御供えしよう」って。僕は――えぇっ？　ホンマに御供えしてくれるんかいな――ってえらい期待してしもたがな。兄ちゃんは僕の手を放してベッドの傍《かたわ》らにあったリンゴを取り、僕の手にそれを載せて「天理教の兄ちゃん、これ神さんに御供えしてや」と言うた。僕はちょっと拍子抜けしたけど、ありがたくそれを押しいただいたんや。

車は病院を出て飛ぶように教会へ走る。教祖が僕の報告を待っておられる。あぁまどろっこしい。ボロ車よ早う走れ……

教会へ着いた僕は親神様に御礼を申し上げ、息せき切って教祖殿へ向かった。昨日と同じように廊下から「教祖、御報告を」と言うが早いか、返事も待たずに部屋に入ってリンゴを神饌《しんせん》台に載せた。そして、あらためて教祖に――「教祖、ありがとうございました」って、声に出そうとしたんやけど、目はかすむし鼻水は出るし、とうとう声にならんかった。

僕が布教師になったわけ㈠

布教中に「アンタ、若いのに熱心やね」って言われることがある。適当に生返事をしているけど、自分でも、オレはなぜ布教に明け暮れているのやろ？　と思う時がある。自分の意志というより何か不思議な力に引っ張られてるような気がするねん。

◇　◇　◇

僕は、今暮らしている伊紀分教会で生まれた。僕が幼いころは狭いところに二十人あまりの住み込み人がごった返してて、食べるもの着るもの何もかもが質素の極《きわ》みやった。僕は今も切り干し大根があまり好きやないけど、それは当時の生活のせいや。何せ麦飯と切り干し大根が食卓の主役やったから、僕はとっくに一生分の切り干し大根を食べてしまったと思う。

そんな毎日やから、僕は母に連れられて母の実家へ行くのが大の楽しみやった。

実家は兵庫県の尼崎にあって、祖父（母の父）は会社の重役で裕福やったから、朝から生卵が食卓に上る。これは僕にはものすごいことやった。

母と一緒に尼崎へ行くのは年に一度か二度。たいがいは二泊ほどで教会へ帰ってくるのやけど、ある時、思いがけず長くいたことがある。十日やそこらやなくて、三カ月とか半年とかやったと思う。そしたら祖母（父の母。当時奈良県のS大教会に住んでいたので僕は大和《やまと》のお祖母ちゃんと呼んでいた）が尼崎にきて、僕は祖母に連れられて教会へ帰った。

母はなかなか帰って来なかった。月日とともに僕は寂しさも感じなくなって、住み込みの人にもみくちゃにされながら暮らしてた。

母が帰ってきたのは僕がもうすぐ小学校って時やった。

僕が教会の前庭で青年さんと遊んでいる時、青年さんがふと門の方を見て「あれ？　奥さんとちがうか……」って言うた。振り返ると母が祖父と二人で門の横に佇《たたず》んでた。

「あ、お母ちゃんや、お母ちゃんが帰ってきた。お母ちゃん、お母ちゃーん」。僕は母に向かって走る。母もよろよろと僕に駆け寄り、僕は母の首っ玉に飛びついた。母は僕を抱きしめて声を上げて泣いた。

帰ってきたものの母はすっかり病弱になっていて、一日の半分は床の中で過ごしていた。それでも僕は両親と暮らせるのが嬉しくて、毎夜、母にその日のできごとをあれやこれやと喋ったものや。

そんな中、母は身ごもり、やがて女の子を産んだ。僕は妹ができたのがすごく嬉しかったのやけど、結果的には妹の誕生が引き金となって、また僕は親と離れて暮らすことになる。

妹の誕生は僕が小学校二年生の八月や。同じ年の十二月、大教会で住んでいた祖父（父の父）が出直した。伊紀分教会の役員さんたちは額を寄せて相談をした。

「奥さんは赤ちゃんを産んだものの、体が弱いから子育てもままならへん。親奥さんは独り《ひと》身になって気の毒や。何とか今までどおり元気で暮らしてもらいたい。この二つを解決する方法はないものか」

「上の男の子を親奥さんに預けるっていうのはどうや？　奥さんは赤ちゃんだけを世話すればよくなるし、親奥さんは孫の世話で生き甲斐ができるってもんや」

「それはエエ、奥さんにしても子どもと一生離れて暮らすわけやないし、会いたいと思ったら大教会へ行けばいいんや。あくまでこれは緊急避難策や」

ということで、僕は望んでもいないのに小学三年生の新学期を前にして奈良県のS大教会へ単身赴任、学校も替わった。転校した初日、いきなりクラスメートから笑いものにされたのを今も覚えてる。履いていたズボンのお尻のツギの形が似ているからって僕のことを『キャッチミット』とヒソヒソ声で言うのや。誰一人友だちがいない僕にはダメージが大きかった。その上頼りになるはずの祖母の一言が僕を余計に悲しい思いにさせたのや。

その日、僕は学校から給食費〇〇円、クラス会費〇〇円、教材費〇〇円などと書かれた集金表をもらって帰って祖母に見せた。すると祖母が目を丸くした。

「え？　こんなにいるのけ？　これから毎月け？」

これは僕にはクラスメートの中傷以上にきつかった。〝おつくし命〟の祖母には大問題やったのやが……。

――そうか、お祖母ちゃんにお金のことは言うたらアカンのや――。幼いながら肝に銘じたものや。

そこでいろいろ考えた末に僕が実行した方法は、大きな声では言えへんけど、祖母の財布からお金をくすねること。一度にたくさん盗るとバレるので少しずつ何回もに分けてくすねて、それを学校のお金に使った。弁解みたいやけど自分の小遣いにしたのとはちがうで。

けど所詮子どもの浅知恵や、そんなことはすぐにバレる。二カ月ほど経ったある日、大教会へはめったに来ない母がきて、僕を神様を祀ってある部屋へ座らせた。

「アンタ、お祖母ちゃんの財布からお金を盗んでるの?」

「いや、あの……」

瞬間、バチーンと頬っぺたで音がして僕は横倒しになった。頬に手を当てながら母を見ると、母は涙をいっぱい溜めながら――「私はアンタを人の物に手をかけるような子に育てた覚えはないのに……」僕はものすごく抵抗を感じたわ。——何を言うねん。お母ちゃんが大教会にきて、お金をくれさえすればこんなことにならへんねん。好きで人のお金を盗るものか。悪いのは誰やねん……——孤立無援やった。祖母は「お金がいるのやったらいつでも言いよ」とは言うけど、いったん生じた心の壁は簡単に壊せるものやない。僕は思いきってアルバイトをすることにした。当時の子どものアルバイトといえば新聞配達しかなく、僕は一人で新聞屋さんに行ってアルバイトの交渉をしたんや。

「君、ずいぶん小さいけど何歳や？　大丈夫か」

「十歳です。でも大丈夫です」

◇　　◇　　◇

九月から新聞配達が始まった。僕は毎朝午前二時に起きて出かけた。なぜそんなに早いかというと新聞と広告を確保するためや。新聞配達だけでは大してお金をもらえないから、新聞に広告を挟んでお金を稼ぐのや。今なら機械の作業やけど当時は手作業やった。百部入れて十円。それでも子どもたちは競争で新聞と広告を奪い合ったものや。

新聞配達は三年あまりつづいた。新聞休刊日は一月二日の朝と八月十六日の朝しかなかった時代、雨の日も雪の日も僕は一日も休まずに働いた。

六年生の十二月、とうとう僕は病気になった。何という病気かは知らんけど、オシッコが赤いと感じたのが始まりで、数日後には血尿が出た。困ったのは痛いことや。尋常な痛さやない。オシッコを出し始める時と止める時、チ〇チ〇の裏が気が遠くなるほど痛い。おまけに頻尿《ひんにょう》になって一日に二十回もトイレに行く。トイレでは泣き声を上げながら用を足す。もうこれは悲劇や。たまらなくなって母に連絡したら、弱い体に無理をしてきてくれた。

母と共に行った病院でお医者さんから新聞配達を禁止された。冷やすのが何より悪い、自転車のサドルで圧迫するのも良くないって。それで病院の帰りに新聞店に立ち寄って新聞配達を辞めた。仕方がないとは言うものの、――もうお金を稼げない――と思うと不安やった。祖母にはよう言わんし、母は相変わらずやし、自分の働きだけが頼りやったから。

──ま、貯金もあるし何とかなるワ──そんな風に思い直しながら、毎日、新聞配達のない朝を迎えたものや。事実、僕の貯金通帳には当時のお金で約二万円、今のお金にしたら少なくとも四十万円くらいは貯まってた。

あれは翌年一月の二十四日と思う。僕の家は大教会の中の伊紀分教会の詰所みたいになっていて、毎月二十四日（大教会の大祭、月次祭）には伊紀分教会の人がきて、着替えたりくつろいだりする。その日、僕はたまたま家にいた。そして例のごとくトイレで泣きながらオシッコをして自分の部屋へ帰ろうとしたんや。そしたら〇という役員さんが廊下で僕を待ち伏せしてた。〇は狭い廊下で僕が右へ行こうとしたら右へ、左へ行ったら左へ体を寄せて通せんぼをする。仕方なく僕が立ち止まると〇は低い声で尋ねた。

「小便したら痛いのか？」

僕は昔から〇がキライやった。一番母をいじめたのは〇やと思ってたし、僕を大教会へ追いやったのも〇の発案って聞いてた。それにお酒を呑んで大声で暴れてるのをよく見た。せやから僕は一刻も早くその場を離れたくて、小さい声で「ウン」とだけ答えて行き過ぎようとしたんや。けど〇はまたそちらへ体を寄せて邪魔をする。

「血が出るんやってか？」

「ウン」

「ところで、オマエお金を貯めてるんやって？　どれくらい持ってるんや？」

「ちょっとだけ……」

「それ、御供えせえへんか？　救《たす》けてもらえるぞ」

「いやや」

「けど、痛いんやろ？　悪いこと言わへん、御供えせえ。そしたらそのお金が人だすけに役立って、人を救けた理でオマエが救けていただけるんや。痛いのが治るんや」

　御供えなんかできるわけない、学校のお金が払えなくなる。けど〇の言葉には迫力があった。当時、〇は伊紀分教会の中ではおたすけの名人と言われてた。僕自身もOのおたすけで不治と言われた病気から生還した姿を目の当たりにしたことがある。僕の心は揺れた。

「御供えせえよ」

　Oは喋るたびにクックと顎をしゃくる癖がある。

「いやや、できへん」

「けど痛いんやろ？　治るねんぞ」

　同じやりとりが一時間はつづいたと思う。とうとう僕は精魂尽きて抵抗をあきらめた。蜘蛛《くも》の巣にかかった虫、アリ地獄に落ちたアリってこんな気分やろか。

「分かった、御供えする。もう堪忍《かんにん》し

て……」

貯金通帳と印鑑を部屋から持ってきて、Oに手渡そうとするのやけど、どうしても手から離れへん。新聞を配ってて犬に尻を噛《か》まれたこと、授業中に新聞屋から電話があって早退してケネディ大統領暗殺の号外を配ったこと、怖かった幽霊映画の看板……、あれやこれやが瞼に浮かんできて泣けて泣けて。

それでもOは泣き叫ぶ僕の手から通帳をむしり取って行ってしもうた。


僕は幼いころから天理教に不信感を抱いていた。母が病気になったのも、僕が両親から引き離されたのも、お金に困ったのも天理教が原因とおぼろげに感じていた。けどこの一件でハッキリした。僕は天理教がキライや。小学生が三年間も一日も休まず働いたお金を容赦なくむしり取って行くのや。お年玉の一部を御供えさせるのとわけがちがう。それでも病気がたちどころに治ったなら少しは考えを変えたかも知れんけど、病気は良くなる気配はなかった。

さて、僕は父が怖かった。父は他人には優しかったけど家族にはめったに笑い顔を見せたことがない。そんな父が僕に天理中学に進むよう厳命した。逆らうことなどできるはずはなく天理中学へ入学。そうしたら、当時は天理中学からは天理高校へ進学する以外に道はなくて、必然的に天理高校に入学。そのころから僕は天理教への反抗心を露《あらわ》にするようになった。

天理高校では、学生は毎朝本部前で集合して、おつとめをしてから登校するが、僕は高校在学中一度もおつとめをしたことがない。もちろん昇殿はするけど、いつも冷ややかにクラスメートの様子を眺めてた。三年生になったら全員が別席を運ぶよう勧《すす》められるが僕はとうとう初席も運ばず、担任の先生や教義の先生からのしつこい波状攻撃にも「だまされるもんか」と貫き通した。父にも「オマエは別席を運ばへんのか?」と尋ねられたが「ウン」と答えたらそれ以上何も言わなかった。

天理高校を卒業後は天理大学へ進学したのやが、今から思えばこのころから見えぬ糸で引っ張られていたのか、そこに到るには不思議な経緯《いきさつ》があった。

高校卒業を前にして、僕は挫折感に打ちひしがれていた。希望していた進路がある事情で断《た》たれたからや。無気力状態の僕は毎日友人の家に入り浸ってブラブラ時間を過ごしていたが、そんなある日、友人が天理大学の入試願書を二通買ってきた。一通は書き損じ用の予備。使わずにすんだので、ヤツは悪ふざけで僕の名を書いた。僕も悪乗りして適当なことを記入したら、ヤツは僕に断りなしに提出したのや。後日、「立て替えといたで」と受験料を請求されて驚いたわ。ほんで成り行きで受験したら、ヤツは落ちて僕が合格した。

合格したことを父に言うと父は喜んで入学を勧め、僕は本気で志望したわけでないのに天理大学の学生となる。じつはこれが僕の今を決める決定的なきっかけとなったのや。

僕が布教師になったわけ(二)

大学に入って初めての授業は金曜日の一限目、一般教養宗教学やった。僕は始業ぎりぎりに教室に飛び込み、入口横の三人がけ椅子の端《はし》っこに座った。あわよくば授業中に脱走が可能や。ベルが鳴り、教授が講義を始めようかという時に戸が開いて一人の女学生が入ってきた。彼女は「すみません、いいですか?」と僕を中へ押しやり、今まで僕が座っていた場所に腰掛けた。僕は「何やコイツ、あつかましい」と思ったけど、よく見たら可愛い子だったので「イイですよ」なんて答えながら彼女をチラ見。ノートにはきれいな字で『土田信子』と書いてあった。

初めて受ける大学の授業は、やる気のない僕には退屈やった。そもそも先生の言う単語が意味不明。太陽神だの中世ヨーロッパだの、オレとは関係ないワイと考えてるうちに熟睡、目が覚めたらお隣の土田さんも快眠しておられた。

当時の天理大学には有名な先生が大勢おられた。後の文化庁長官、河合隼雄《はやお》先生もその一人や。河合先生がいかほど著名な方かも知らず、何の気なしに受講した教育学の授業で隣に座ったのはまたもや土田信子さん。「ありゃ、また一緒になりましたね」などと話すうちにいつしか連れだって歩くようになった。

僕は彼女のような人を見るのは初めてやった。何せむやみに明るい。会話の端々、ちょっとしたはずみに彼女の口から出るのは「うれしいわぁ、もったいないわぁ」。一日に何度この言葉を聞いたことか。はじめは、――一体何が嬉しいねん、ヘンなヤツ……――なんて思ってたけど、聞いて気分が悪いわけではなく、自分まで嬉しいような気持ちになる。

ある日のことや、二人で本部の前を通りかかった。彼女は当然のように神殿の方を向いて深く拝をした。僕は突っ立ったままで冷ややかに、

「土田さんも天理教なん？　深入りしてだまされへんようにせなアカンよ」って言うた。すると「だまされるって、どうだまされるの？」って目を丸くしてる。

「幸せになれるとか、病気が治るとか、ありもせんこと言うてお金盗られるで」

「それやったら少なくとも私はだまされてないわ。現に私は幸せやもん。あなたかって幸せやんか。こんなにお日様が暖かくて、花がいっぱいで、緑がキレイで。ほらあそこにはユキヤナギが咲いてる、あそこにも……」

　彼女は顔を輝かせながらあちこちを指さす。

——何を言うてるねん、しょうむない。そんなことのどこが幸せなんや——

　鼻で笑いながらも、あらためて辺りを見回すと本当に花が咲き乱れ、春の日差しは柔らかく降り注いでる。ふと僕の心にも陽がさした気がした。へぇえ、そうなんや。彼女はこんなことが幸せに思えるんや。僕はそんなこと考えたこともなかった。『女は火の理』っていうけど、僕の凍り付いた心が陽に照らされて溶け始めたみたいやった。僕は今まで知らなかった天理教に触れて、やがて自分から別席を運びはじめることになる。

僕は彼女といるのが心地よくて「ずっと一緒にいたい」と思い始めてた。そして大学を卒業するまで四年間、ホントにずっと彼女と一緒やった。卒業近くなって僕は彼女に、今後どうするのかを尋ねた。彼女は自分の教会で女子青年をして親を助けたいと言う。僕はその時思い切って「将来、オレと結婚する気はない？」って尋ねた。彼女は、「私かってアナタと結婚したいけど、自分たちがいくら勝手に決めても神様がダメとおっしゃったら絶対ダメなんやから、神様からOKが出るのを楽しみに一生懸命勤めるワ」って答えた。僕にしたら――何や、煮え切らへん。もっと積極的な答えをくれ――と思ったけど、彼女の信念が固そうやったのでそれ以上言わなかった。

卒業が近いというのに僕は進路も決めていない。大学四年間、学費はアルバイトで稼いだので、このままでも食うには困らないくらいに思ってたのや。

そんなある日、街で偶然僕が所属するS大教会の会長さんに出会った。向こうから僕を見つけて、

「お、裕次君やないか。どうしてる、もうすぐ卒業やろ？　今後どうするつもりや？」

「ハイ、まだ何も」

「それやったら大教会の青年にくる気はないか？」

僕はその時、先日の彼女の言葉が脳裏をかすめて、

「ハイ、よろしくお願いします」って即答したのやった。

◇　◇　◇

大教会の青年になってからの僕はわけが分からんなりに一生懸命勤めた。朝づとめの準備にも一度も遅れたことはないし、言いつけられた用事は横っ飛びでこなした。そんな僕を見て一番喜んだのが僕を小学三年生から育ててくれた祖母や

った。祖母は僕が別席を運ばなかったり、天理教に反抗的なのをずいぶん心配していたらしい。けど祖母は僕が真面目に勤めているのを見て安心したのか、急に体調を崩したんや。一時は食事も摂《と》らず、このまま放っておけば危ないというほどになり、それまで住んでいた大教会から伊紀分教会に移って養生することになった。

ある夏の夜のこと。僕が大教会で夕勤めをしているところへ天理にいる大教会長さんから電話がかかってきた。電話口に出ると大教会長さんは――「オマエ、お祖母ちゃんが生きてる間に結婚しろ。今からオレが先方の親に会ってかけ合ってくるから」って言うのや。僕ははじめは何のことか分からず黙ってたのやけど「かまへんのやろ?」と念を押され、ようやく事が飲み込めて「ハイ、よろしくお願いします」って返事をした。大教会長さんは「よっしゃ、行ってくるわ」ってそのまま彼女のお父さんが勤めている信者詰所へ直行。話をまとめてくださった。おまけに一時は危《あや》ぶまれた祖母もすっかり元気になった。ウソのようなホントの話。

一年後、彼女と結婚して、僕たちは伊紀分教会に戻ったのやけど、そこで僕らを待ちかまえていたのは甘い新婚生活とは似ても似つかぬ辛《つら》い苦しい教会生活やった。

まず、これは嬉しいことでもあったのやけど、すぐに赤ちゃんが宿って、初めてのつわりで妻は戸惑った。与えられた用事は朝から晩までこなしたけど、もともと貧血の上につわりで頑張りがきかへんねん。それに伊紀の教会は僕の幼いころ以上に空気が沈滞して、陽気ぐらしのひながた道場とはとても言えない姿やった。役員さんたちは真面目やけど陰険でお互いを良くは言わないし、母はこのころにはすっかり床についたままになり、僕が食事を運んでいくと、いつも「私が弱くてすまんなぁ」と泣き言を言っていた。会長である父はいつも不機嫌やった。父もやりきれなかったのや。

僕を育ててくれた祖母は認知症を発症し、症状は日に日に進んだ。祖母の部屋は僕らの隣やったけど、夜になると僕らの部屋にやってきて枕元でブツブツ呟くのや。

「ここに寝ているのは誰やろうなぁ……。これは木村豊かなぁ（何十年も前に亡くなった祖母の弟）いやいやちがうちがう、これは宮田秀嗣やな？（自分の夫、この人もずいぶん前に亡くなった）」

「ちがうがな、お祖母ちゃん。オレはお祖母ちゃんの孫やがな、裕次やがな裕次」

「おお、そうやったかなぁ……。それやったらここはどこや？」

「伊紀の教会やがな」

毎夜この調子では僕らの方がおかしくなってしまう。その上に教会には妙な住み込みの人が二人。

一人は山下丈治さんと言うて、路上生活をしているところを父が連れて帰ってきた六十過ぎの人や。この人、根は本当にイイ人なんやけど酒を呑んだら人が変わる、いわゆる依存症やった。アルコールが元でメニエール病を発症し、いつもフラフラしながら歩いてた。癖が悪いのは夜な夜な神饌場に入ってお酒を呑むこと。呑むだけならまだいいのやが、なぜか酒瓶を石で割って呑むのや。指の力がなくて栓を開けられなかったのやろうけど、朝になったらそこいらにガラスの破片が散らばってて危ない危ない。本人はだらしなく小便を垂れ流して寝ている。ガラスの片付けも小便の後始末もいつも僕の仕事や。ある時僕は我慢できず父に、「会長さん、何であんな人を連れてきたんですか？　僕は後始末ばっかりでかないませんわ」って訴えた。すると父は「全部オマエのいんねんや」って言うた。何で自分が連れてきて僕のいんねんや？　そんなん、人を殴っておいてから「オマエは殴られるいんねんがある」って言うみたいなもんや。

もう一人は中西フジエさん。この人は部内教会の信者さんなんやけど、身寄りがないので伊紀分教会で引き取って暮らしてた。九十歳近いお婆さんで髪は真っ白、足腰が弱くて家の中でも杖をついていた。このお婆さん、ちょっと変わった人で昼間には姿を見せへん。僕らの住んでいる部屋は六部屋つづきの長屋みたいになっていて、東から僕らの部屋、隣が祖母。その隣が中西さんや。中西さんのご飯は三食とも僕らが部屋の入口へ置いておく。すると空いた食器だけが廊下に出されることになっていた。ところが中西さんは昼は部屋の外に出ないのに夜になると廊下を歩く、それも薄暗い裸電球の下をコツコツと杖の音を立てて、なぜか、いつもおでこにサロンパスを貼って。想像してみ、どれほど不気味か分かるやろ?

結婚後四年、次女も生まれて、子育てに、教会の雑用に夫婦して忙殺《ぼうさつ》される日々。僕はほとほと疲れ果てた。陽気ぐらしを目指して教会へ帰ってきたのに、教会は陰気ぐらしの菌がはびこっている。僕は――このままでは僕ら家族はダメになる。どうしょう……いっそのこと教会を出ようか……――と思い始めた。

祖母が出直したのはその矢先。小学校三年生から僕を育ててくれた祖母は口べたで料理も家事もどんくさかったけど、いつも真実で大教会のことと人助けのことばかり考えていた。祖母の出直しで僕は気がかりが一つ減り、教会を飛び出す態勢が整った気がしたものや。母のことも気がかりやけど父が何とかするやろし、信者さんもおられるし……。ただ、一つだけ心にかかって離れないのは妻の父のこと。妻の父は、僕たちが結婚する時、若くて頼りない相手やけど、たすけ一条の教会で暮らすなら、と思い直して娘を嫁にやる覚悟を決めたとか。僕がもし教会を捨てたら義父はどう思うやろ。結婚式の日、ただ一人外へ出て拳を握りしめて空を見ていた義父……。思い出すと足が止まった。

出るにも出られず、悶々《もんもん》とした日々を送っていた僕に、麻生津《まおつ》分教会の会長を引き受けないか？　と声がかかったのは祖母が出直してから半年後のことやった。僕はそのころ、毎日を送るのに青息吐息。勇み心のかけらもなくしていた。

前にも言うたように麻生津分教会は和歌山県北部の片田舎にあって、初代会長さんが、大正十五年教祖四十年祭の旬の「倍加運動」の時に願い出て設立された教会や。初代会長さんが出直してからは奥さんが何とか繋いでいたけど、その奥さんが最近出直して、まさに風前の灯《ともしび》状態になっていた。誰か後を持つ者がなかったら消滅してしまうというので、僕に白羽の矢が立ったのや。

僕は少し迷った。でもすぐに心を決めた。このままの生活には喜びがない、だからといって教会を飛び出すのは尻尾《しっぽ》を巻いて逃げるようなものや。どうせやったらたすけ一条の最前線に立ってやれるだけやってみよう、考えるのはそれからでもいい。

夫婦して初めて麻生津分教会に行ってみた。この教会は伊紀分教会の部内の部内やからそれまで行ったことがなかった。見て驚いた。神殿と言っても六畳一間。天井は藁《わら》でできていて障子を開け閉めすると土が落ちてくる。窓は小さくて部屋中薄暗い。おまけにお供え物は何カ月も前から放ってあるのか、虫が巣くってる。思わず夫婦で溜息をついたものや。

あらためて親神様に参拝して申し上げた。

「これの麻生津分教会にお鎮《しず》まりくださる親神天理王命様、宮田裕次と妻、信子と申します。このたび麻生津分教会長に就任することになりました。一生懸命努《つと》めます、どうかよろしくお願い申し上げます」

僕は怪しいヤツ？

僕の一日は伊紀分教会の朝掃除から始まる。掃除の後、六時半から朝づとめ、それから皆揃っての朝食や。けど僕は朝づとめを終えたらそのまま麻生津分教会へ直行する。たいがいは自転車で行く。伊紀分教会から約十キロ、朝の空気を吸い込みながら桃畑の間を三十分も走ると僕の預かる麻生津分教会に着く。教会は曲がりくねった坂道を登り切った所にある。自転車を止め、大きな音を立てないように注意しながら神殿に入る。前にも言ったように神殿と言っても六畳一間。障子一枚で隣の家の台所とつながっている。台所は隣の家族、つまり初代会長さんの息子さん家族が普段の食事に使ってるので気を遣うねん。初代会長さんは肺病を助けられて夫婦で信仰の道に入ったのやけど、息子さんには信仰が伝わらなかった。その奥さんに到っては天理教が大嫌いや。だから僕は毎日音を立てないように神饌を替えて、小さな音で拍子木を叩いておつとめをする。おつとめの最中に隣で人の気配でもしたら冷や汗ものや。ほんで、おつとめが終わったらお昼前まで教会周辺をにおいがけに回って伊紀分教会に帰る。

毎日こんな繰り返しやったけど、ある日とんでもない事件が起きたのや。

その日も僕は朝づとめを終えてにおいがけに回ってた。すると畦道に立っている電柱のスピーカーから農協の一斉放送が始まった。この村では一斉放送は日常の風景や。普段は「ミカンの殺虫剤散布時期になりました。明日は晴れる予定ですから皆揃って害虫を駆除しましょう」なんて、その時々の農作業情報が流される。放送は電柱のスピーカーと同時に各家庭の有線電話にも流される。

「ピンポンポンポーン、こちらは農協です」と、いつも通りに始まった放送やったが、内容はいつもとはちがってた。

「農家の皆さんお早うございます、臨時放送です。皆さんにご注意を申し上げます。最近『天理教』と名乗る若者がお年寄りのお金を目的に各戸を回っています。お年寄りの方にはだまされないよう、ご家族から十分ご注意ください。繰り返します……」

――へぇ、世の中には悪いヤツもいるもんや……。え？　天理教って、まさか僕のこととちがうわナ？　けど、他に布教してる人を見たことないし……。もし僕やったら何で年寄りの金を狙ってることになったんや？――

　はじめはよく分からなかったけど、どうやら自分は誤解されてて大変な事態にあることが呑み込めてきた。けど何が元でそうなったかは見当がつかへん。あれやこれやと思い巡らし、ようやく思い当たったのは五日ほど前のことや。

僕は初代会長さんが残した別席台帳を元に中谷さんっていうお婆さんを尋ねた。その人は数少ない麻生津分教会のようぼくや。初めて会う中谷さんに「はじめまして、僕は亡くなった西川さんの後を継いで麻生津分教会の会長になった宮田裕次っていう者です。どうかこれからよろしくお願いします」って自己紹介した。それからS大教会から配られてきた封筒と趣意書を渡して「じつはS大教会ではヨーロッパに教会を作るために信者さんから募金をしています。中谷さんもS大教会のようぼくやから、どうぞ一口でも寄付をお願いします」って頼んだんや。そしたら中谷さんは「私は年寄りでお金を持ってないから息子に相談します。また明日きてください」って答えたので、僕は「ハイ分かりました、また明日伺います」っておいとましました。

次の日、あらためて中谷さん宅に伺うとお婆さんは「息子が、こんなわけの分からんことにお金は出せん、って言いますねん。すみませんけど……」って申しわけなさそうに言うた。僕にしたら予想通りやったので、「とんでもない、それで結構ですヨ」って引き下がったのやった。

――そう言えば中谷さんの息子さんは農協の理事って聞いた。きっとあれや、あのこと以外には考えられへん――。ようやく事件のあらましが見えた。

有線放送の効果はじつにてきめんやった。そりゃあまあ純真な農家の人たちが何より信頼してるメディアから「天理教の怪《あや》しい若者に気をつけましょう」って言われたら疑うはずがないわな。お陰で僕は村中どこへ行ってもシャットアウトされる羽目になってしもうた。

「こんにちは、僕は天理教を信仰している者ですが、お話を聞いていただけませんか？」

「ハハァ、アンタが年寄りのお金を狙ってる人か？　何でそんな悪いことをするのや、真面目に働く気はないのか？　アンタの親はそれでエエって言うてるのか？」

においがけ先の大多数がこんな風に応対してくれた。僕を見るなり戸を締めて鍵をかける家もある。僕の気力は日に日に萎《な》えていった。怖くて誰にも声をかけられへん。けど、そんな時こそありがたいのが教祖のひながたや。僕は、教祖が人々から嘲《わら》われ謗《そし》られる中を勇んでお通りくだされた姿を思い浮かべては、自分を鼓舞《こぶ》して歩いた。

ある日、僕は村の一番山手の、門屋がある大きな家の前を通りかかった。『小林』と表札がかかったその家は、今まで何度訪ねても応答がなかった家や。その日も応答がなかったが門屋をくぐって庭へ入ってみた。雑草だらけやけど空き家でない証拠に洗濯物が干してある。僕は腰をかがめて草を引きながら「こんにちは、誰もおられませんかぁ」と呼びかけた。やはり反応はない。「留守か、しゃあないな」、手の土を払いながら立ち上がった僕の目に建物の中で何かが動くのが見えた。僕は廊下のガラスに顔をくっつけて中をのぞき込んだ。廊下を隔てた部屋の中で誰かが寝ている。あらためて「こんにちは」と呼んだが聞こえてない。玄関は鍵がかかってるので思い切って裏口へ回り、戸に手をかけると開いた。少々後ろめたい気持ちもあったけど思い切って中へ入った。さっきの部屋を目指すが建物が入り組んでてなかなか行きつかへん。暗い部屋に迷い込んで明かりの漏れる襖を開けたら、すぐ前にベッドがあって白髪頭が見えた。お婆さんや。僕には気がついてない。驚かせないように小さな声で「こんにちは」と声をかけた。聞こえたのか、お婆さんは振り向こうとしたが体が動かへん。僕はそっとベッドの横に回ってあらためて「こんにちはお婆さん」って声をかけた。瞬間、「ヒェーッ!!」。無理もない、誰もいないはずの部屋に見知らぬ男が現れたものやからお婆さんは顔をこわばらせて震えてる。

「驚かせてゴメンなさい、僕は怪しい者とちがいます。天理教の布教師です。庭からお婆さんの姿が見えたのでちょっと話をさせてもらおうと思って勝手に上がりました。スミマセン」。お婆さんの顔にちょっと安堵の色が浮かんだ、けど頬はヒクヒクと痙攣《けいれん》しつづけてる。

「決して怪しい者とはちがいます。天理教の布教師です。テ・ン・リ・キョ・ウ」。もう一度ゆっくり言うとようやく表情が落ち着いた。そしてしゃがれ声で「天理教やったら村西梅代さんを知ってるか?」って尋ねた。何とまあ、親神様の先回りと言うか奇遇と言うか、唐突に飛び出したその名前を僕は知っていた。それもかなり近しい関係や。村西さんは娘のころに肺結核で苦しんでいたところを伊紀分教会の布教師に助けられて入信し、やがて道一条になって今は教会長夫人として北海道で暮らしてる。いつやったか、村西さんに「僕は麻生津分教会の会長になったんや」って話したら、「えぇっ、ホンマ？　私は麻生津村の生まれなんやで。懐かしいわぁ」って言ってたのを思い出した。

僕はお婆さんに「村西梅代さんやったらよう知ってるで、今は北海道で暮らしてる。けど、お婆さんは何で村西さんを知ってるん？」って逆に尋ねた。するとお婆さんは「私と梅代さんは小学校で同級生やったんや」って。そんなこんなでお婆さんは僕にすっかり打ち解けてくれた。

本人によると、お婆さんの名前は小林トミエ、七十歳。一人娘で養子取りやから、生まれてからずっとこの村で暮らしている。家は村の旧家で、ご主人は高校の元校長先生や。子どもは男が二人、女が一人いるが、ご主人の頑固な性格が元で不仲になってる。トミエさんが八年前に脳梗塞を発症して半身不随になったので、子どもたちは母親の世話を申し出たがご主人は頑《かたく》なに支援を拒《こば》んで一人で世話をつづけてる。けども、ご主人は朝から晩まで畑仕事に行くからトミエさんは放ったらかしにされている。食事はベッドに渡されたテーブルに置かれたものを一人で食べる、それも漬け物とご飯だけ。オムツの交換は朝と夜に一回ずつ。体は主人が時折拭いてくれるがお風呂はもう何年も入っていない。そんなんやから部屋には異臭が漂ってた。

「お婆ちゃん、〝おさづけ〟って言うねんけど、神様のお祈りをさせてもらうわナ」と布団をめくると鼻を衝《つ》く臭いがした。かまわず頭から右手、右足の順におさづけを取り次いだ。久しぶりのおさづけや。ここ数日間のことを思い出したら思わず涙がこぼれたわ。

おさづけの後、「お婆ちゃん、お節介やけど、ちょっと体を拭かせてもらってえかナ?」って言うて傍《かたわ》らにあったタオルを水で絞ってきた。

「ちょっと冷たいけど辛抱してや」、言いながら寝間着の袖をたくし上げて肩を出した。相手は動かへんから、申しわけないけどかなり強引でもされるがままや。

皺だらけの肩から上腕を拭き、腕の内側を拭くために曲がった肘を伸ばそうとした。するとトミエさんは「痛い、やめて」って大声を上げた。そうなんや、何年も曲がったままの肘が急に伸びるわけがなかったわ。そこで、少しずつ伸ばしては緩めてを繰り返したらちょっとだけ肘が伸びた。関節の内側を拭くとタオルが垢《あか》で焦げ茶色になった。最後は手の先。曲がった指を伸ばして息を呑んだ。手の中が腐ってる。黄色い膿のようなものが手の平一面にこびりついている。それがまたクサいのなんのって、気が遠くなるほどや。ふと、――このお婆ちゃん、同じ人間やのに何でこんな目に遭うのやろ……――って思えて胸が痛くなった。僕は何とも言えない気持ちで「お婆ちゃん、大丈夫。きっと神様が元気にしてくれるで」って言いながらあたりかまわずさすりまくった。トミエさんは、始めは「アカン、痛い痛い」って言うてたけど、時が経つにつれて何も言わなくなった。見ると目を閉じている。「お婆ちゃん、どうしたんや、痛いんか?」って声をかけたら、「いや、気持ちエエねん……けど……私、何でこんなことになってしもうたんやろ……」って、僕が考えてたのと同じことを言うたので、僕はますます切なくなってしもうた。

四時間くらいいたやろか、トミエさんは僕に、自分の小学校時代のことや村西梅代さんとの関わりをいっぱい話してくれた。僕が時計を見て「もうそろそろ帰るわ」って言うとトミエさんは「どこまで帰るのや？　もう来《き》いへんのか？」って聞く。「丸寺まで帰るけど、またくるで。かまへんか？」って尋ねると「今日はホンマに嬉しかったワ、またきてや、ホンマやで」って涙声で言うた。

帰り際、僕は門屋の陰からトミエさんの部屋に向かって手を合わせた。すると、あれ？　クサい。僕の手がクサい。思わず「くさっ」と顔をそむけた。もう一度鼻を近づける。クサい。けど嬉しい。誰にも相手にされない僕が人のお役に立てた。クサいのはその証や。僕は何度も嗅《か》いでは顔をそむけ、そして心の中で呟いた。

――トミエさんありがとう、こんな僕でも相手にしてくれて。また明日もきます。トミエさんが生きてる限りずっときますからね――

（トミエさん宅訪問は、約三年後の出直しまでつづいた）

苦い涙

僕が初めてS大教会の修養科（三カ月間）の正教養掛を勤めさせてもらったのは、三十一歳の時やった。当時、年四回の入学月があったけど、実際は毎月入学OKやった。入学月には修了まで三カ月お世話取りする正教養掛がつき、助手が一名、一カ月交替でつくことになっていた。ほんで僕は早く教会長になってたから、わずか三十一歳で正教養掛にしていただいたんや。

九月二十六日、僕は十月からの修養科生八名と次々と面接した。登場人物が多いから、敬称略で箇条書きするわな。

男性は、

板井良治（六十歳）／大倉努（二十二歳）／大野清吾（二十歳）。

女性は、

田山かね（八十歳）／藤山ますの（四十五歳）／下村昌代（三十五歳）／松内

美枝（二十歳）／下林淳子（十九歳）
の合計八人。
皆、僕の質問にちゃんと答えてくれたので、心の病の人が多いと聞いて内心ビクビクしてた僕は安堵の胸をなで下ろしたものやった。
その夜のまなび（おつとめや鳴り物の練習）の時間は、三期生二期生も交えて自己紹介した。三期生は、
西中勝三（六十五歳）／深田賢治（四十五歳）／浜潤也（二十二歳）／藤井はま代（七十歳）。
二期生は、
赤木伸江（二十八歳）／大塚のり子（二十八歳）／小畑富子（三十歳）／小畑よしみ（二十七歳）。
全員あわせて十六名が、僕と助手の中津君（二十八歳）が担当する修養科生や。
気になるのは、三期生の浜君が自己紹介でも一言も話さなかったこと。彼は「憩の家」の精神科にかかっていて、最近は調子が悪いと聞いている。それと二期生

の小畑よしみさんは身長だけは年齢相応なんやけど、体も心も未発達で修養科に来るまではほとんど家で寝ていたとのこと。今も休みがちで気ままが多いのだとか（小畑富子さんはよしみさんの姉で、付き添いで来てるんや）。

――ま、ここはおぢばやし、三カ月は長いけど、一日一日を繰り返せばそのうち終わるわ――

助手の中津君とそんなことを話しながら眠りについたのやった……。

次の朝、目覚めると教養掛室の戸のガラス越しに誰かが透けて見える。開けてみると下村さんがパジャマのままで立っていた。彼女は心の病があると聞いていた一人や。

「どうしたんですか？　何か心配があるの？」「ハイ、あのご相談があって……」と蚊の鳴くような声。「分かりました。何でも聞くよ。でも今は早いし、本部参拝がすんで朝ご飯の後ではどう？　早く着替えてね」「ハイ……」。

朝づとめに向かう道中、列の最後尾にいる僕に板井さんが話しかけてきた。板井さんは、職場を定年退職してその足で修養科に来たとか。彼も精神安定剤を常用している。

「先生、ワシ大丈夫でっしゃろか、勤まりますやろか?」「大丈夫ですとも、心配しなくてもいいよ」「ホンマに大丈夫でっしゃろか、ワシ体が弱くて……」「大丈夫、大丈夫」

まさかこれがずっとつづくことになるとは思わぬ僕は、軽い気持ちで答えたものやった。

参拝から詰所へ帰るとさっそく下村さんが教養掛室にやってきた。戸の陰で半分顔を隠しながら、事務をする僕を見つめている。僕は「相談はもうちょっとだけ待っててくださいね。朝ご飯の後で来てね」。そこをトイレに向かう板井さんがトボトボと通りかかった。下村さんの反対側の戸に手をかけて「先生、ワシ大丈夫でっしゃろか、勤まりますやろか……」。僕は「二人とも心配する気持ちはよく分かりますよ。でも神様がついてるから大丈夫。それにほかの人たちも不安なのは同じやから、二人も元気でガンバってね」と答えてその場を収めたのやが……。

朝食後、僕が部屋へ帰るより早く下村さんが来ていた。朝と同じように戸の陰に半分隠れて僕を待っている。

「どうぞ中へ入ってください。何でも相談してくださいね」と声をかけるが、彼女は同じポジションのまま動かへん。僕は肩に手を添えて「まあどうぞ」と部屋の中の座布団を勧めた。

〝相談事は相手が話し出すのをじっと待つのが良い〟なんて聞いたことがあるので、僕はできるだけ柔和な顔を作って彼女が話し出すのを待った。けど、何分待ってもモジモジするだけで何も言い出さないので、「どんな相談ですか？」と聞くとようやく彼女は口を開いて「あの、ご相談があるんですけど……」「心配せずに何でも話してください」「いえ、あの、ご相談があるのです……」「分かりました。どうぞ何でも遠慮なしに話して」「いえ、あの、ご相談が……」。言いながら座布団からずれて、とうとう戸の陰の元のポジションに戻ってしまった。その横を板井さんが通りかかる。こちらを振り向いて弱々しく「先生、ワシ大丈夫でっしゃろか……」

その日以降、下村さんは僕が部屋にいる時にはいつも戸の陰でこちらを見つめてた。板井さんは教養掛室の前を通るたびに「ワシ大丈夫でっしゃろか……」を繰り返す。ホッとする間もなく二人につきまとわれて、僕は日に日にイヤになってきた。

イヤになったのは僕だけやなかった。三期生の浜君は徐々に調子が悪くなって、奇声を上げながら廊下を走るようになった。二期生の小畑よしみさんは駄々をこねて学校へ行きたがらない。一期生の藤山さんは頭痛を訴える。松内さんは「こんなところに来たくなかった、帰りたい」と泣く。大倉君は学校をサボる。僕はわずか半月間を持ちこたえかねた。

待ちに待った十三日がやってきた。麻生津分教会の月次祭は毎月十四日。教養掛は月次祭の前日から教会へ帰ることが許されてる。その日がどれほど待ち遠しかったか。助手の中津君に「先生、嬉しそうですヤン」と冷やかされながら、懐かしいわが家へ向かったのは夕方のこと。

それからほぼ二十四時間後、詰所へ帰った僕を憔悴《しょうすい》しきった顔の中津君が玄関で待っていた。

「先生、ホントに待ちくたびれましたヨ。いろいろ大変だったんです。一つは、今日、板井さんが修養科から救急車で憩の家へ搬送されたんです。それはさておき、もっと大変なのは浜君で……」

十三日午後三時ごろ、息子の病状が悪いと聞いた浜君の父親がはるばる千葉県から訪ねてきた。僕はその時まだ詰所にいて、「お父さんから潤也君を安心させてやってください」とお願いして詰所を後にしたのやった。ところが浜君は父親と会って安心するどころかますます興奮して、その夜から今日にかけて奇声を上げながら詰所内外を走り回ったとか。

「今はどうしてるんや?」

「自室の前で四股《しこ》みたいな恰好してます」

急いで二階へ上がると、下村さんがいつものポジションに立っている。数メートル離れた場所では浜君が、虚《うつ》ろな目で、両手の平を上向きにしてドスンドスンと足を踏み鳴らしている。傍らでは浜君の父親と、同室の深田さん、西中さんが不安そうにそれを見ていた。

僕はとっさにおさづけ取り次ぎにかかった。しかし、彼の頭に手を下ろそうとした時ボディに一発食らった(浜君は空手の有段者なんだとか)。それでも何とか持ちこたえてどうにか取り次ぎを終えたら、心なしかおとなしくなった。深田さんが「潤ちゃん、美味しいリンゴがあるから一緒に食べようや」って話しかけたら、こともあろうにリンゴのある場所に走っていってそこいら中にオシッコをかけた。

それでも時間と共に疲れてきて、とうとう立っていることもできなくなった浜君を教養掛室に運び込んで布団を掛けたのが十五日の午前三時過ぎ。ようやく彼が眠ってから中津君が話すには、

「浜君のことは見ての通りですけど、もう一つ事件があったんです。板井さんです。板井さんは十四日の朝は起きませんでした。それでも登校前には起きて皆と一緒に修養科へ行ったんです。けど午前十時ごろに修養科から電話があって〝板

井さんが腹痛を訴えて、救急車で病院へ運んだ〟と言うんですわ」

中津君が慌てて病院へ行ってみると、救急の医者が応対してくれて「レントゲンを見たけどお腹の異常は見あたりません。精神的なものではないですか」と言われたとか。

「ほんで板井さんは今どうしてるん?」

「第二まなび室(予備の部屋)で寝てますねん」

これが十三日夕方から十五日早朝までの話や。


その後、朝づとめから帰って浜君を布団ごと自室へ運んだが目を覚まさなかった。他の修養科生はいつものように登校した。板井さんも寝ていたが、中津君が連絡を入れてあったので、理の親が午前中に駆けつけて何かと世話をしてくれ、「心配かけてスミマセン」と帰ったのが夕刻。浜君はまだ寝ている。

夜のまなびを終え、様子を見に行った中津君が板井さんに肩を貸して教養掛室の前を通った。「ウンコしたいらしいですわ」と笑いながら言う。横では下村さんが戸の陰からこちらを見つめてる。

そして数分後――

「うわー、先生大変です。早く、早く来てくださーい」。中津君がトイレから叫んでる。

行って驚いた。板井さんが目をむいて硬直してる。とっさに脈を診た。脈がない。とにかくおさづけや。トイレに座り込んでおさづけを取り次いだ。終わると同時に硬直していた板井さんがグニャーとなりフウーッと息を吹き返した。すぐに救急車で憩の家へ。しかし救急車の中で再び心臓が止まった。救急病室で心臓マッサージが繰り返された。僕は心臓マッサージってあんなに手荒いものやって知らんかった。――そんなに酷《ひど》いことせんといて――って思いながら見てた。

診断の結果、胃潰瘍が急激に進んで胃壁に穴が開いて外気が腹腔に入った。そのショックで心臓マヒを起こした。時間が経過しているので今更胃の手術をしても回復する見込みは少ないがどうするか？　とのこと。駆けつけた家族が、一縷《いちる》の望みでもあるなら手術を、と答えて十六日午前一時から緊急手術が始まった。

手術は無事に終わったけど、板井さんは自力で血圧を上げることができへん。僕の目の前の心電図モニターは少しずつ波形が小さくなり、午前九時、とうとう動かなくなった。

午前九時三十分、板井さんを霊柩車で送り出して、身も心も疲れ果てて詰所へ戻った僕を待っていたのは、浜君が行方不明との知らせやった。何でも、彼が目覚めた時に浜君の父親がいて、顔を見たとたん興奮しだして靴も履かずに飛び出して行ったとか。それから僕と中津君は、修養科、病院、公園、駅……と足を棒にして彼を捜した。そして何の手がかりもなく詰所へ帰った午後五時、駅前の派出所で浜君を預かっているからすぐ来てほしい、と警察からの連絡。飛んでいった僕の目に映ったのは、動物のようなうなり声を上げながら警察官を睨みつける浜君の姿やった。

「拘束しても構いませんか?」警官が尋ねる。「やむを得ません、よろしくお願いします」。父親の声と同時に警官が四方から飛びかかって浜君を拘束帯で縛り上げた。そして午後九時、彼は拘束帯を巻かれたまま注射で眠らされて、修養科に来る前に入院していた千葉県の病院へ送り返された。

僕は一日の内に二人の修養科生を失った。それも一人は遺体で、もう一人はぐるぐる巻きで。ここに来てようやく目が覚めた。浜君も板井さんも下村さんも、誰もが僕のいんねんの人やったんや。

それまで僕は教養掛は修養科生のサポーターみたいなもので、おたすけの責任者は理の親や縁の近い人と思って

たんや。けど明らかに僕の考えは間違ってた。教祖から見たら、世界中の人間は誰も皆たすけたい相手や。せやからようぼくの僕らも教祖と同じ心であって当たり前なんや。もちろん理の道を外すのは良くないけど、たすけたい心を忘れるのはあってはならないことなんや。それやのに僕は「早く時間が流れますように。これ以上問題が起きませんように」としか願ってなかった。むしろ問題のある人をうっとうしく思ってた。「どのようなところの人が出てきても　みないんねんのものであるから」っておふでさきを何度も読んでるのに……。

次の日から僕は「水ごり」を始めた。朝の四時前に起きて風呂場へ行って水をかぶるのやけど、いやはや、冷たいなんてものやない。先ず洗面器に水を溜めてから、心臓マヒを起こさないようにちょっとだけ胸につけるんや。「ヒェーッ」って叫びたいのを我慢して頭から合計三杯。気が遠くなるような中、――どうぞ、私のお預かりしている修養科生が今日一日、ふつうのものの見方聞き方ができ、ふつうの一日を送らせていただけますように――って願うんや。それと――あの人たちが味わっている心の痛みを少しでも私に分けてくださいませ――って。

水ごりの後は朝の十二下り、そして皆が寝静まってからの十二下り。僕はそれを下村さんたちが修了する十二月末までつづけた。

けど、僕がそうするようになってからも別段何も変わらなかった。下村さんの「ご相談」は修了までつづいたし、藤山さんなんか、診察のために帰った家から「今から自殺します」って電話してくるし（迎えに行って事なきを得たけど、スピード違反に信号無視やり放題）、松内美枝さんは文句たらたら言いながら一カ月もたずに辞めてしまったし、講習生は刃物を振り回すし……。

それでも僕がつづけられたのは、あの日のことが忘れられないからや。

十月十六日、出直した板井さんが処置を終えて病室に戻ってきた時、おさづけを取り次がせてもらったんやけど、真新しい病院着の胸をはだけて最後のお祈りをしたら申しわけなくて涙がこぼれたわ。ふと、横にいた板井さんの奥さんが亡きがらに向かって「お父ちゃん、かわいがってくれた先生がお祈りをしてくれたで。お世話になった先生やで」って呟いたんや。その時、喉の奥から何か苦いものが込み上げてきて……。あの苦さは今も口の奥に残ってる。

長い長い三カ月が終わって、下村さんたちと別れる日がやってきた。別れ際に思った。

――僕は今日でこの人たちとお別れやけど、理の親や家族はこれからもいんねんとの戦いがつづくんや。どうぞどうぞ一日も早く御守護いただけますように――

ああ、大望（耐乏）の道

僕が家族と共に伊紀分教会を出たのは麻生津分教会長に就任して五年後やった。その間僕の周りでは、母の出直し、三女、長男の誕生、父の再婚といろんなことがつづいた。母の出直しはまことにあっけなく、隣に寝ている父も気づかない間のことやった。それ以後はさすがの父も気弱になって何かと僕らを頼りにし、僕らも父を気遣ったので、恐らく僕が生まれて初めて実の親子家族らしい雰囲気が生まれたが、再婚してからは継母が父を尊敬し、大変良くしてくれたので父は元気大復活、理に徹した厳しい父に戻り、僕らの関係は再び上級の会長と青年家族の関係に戻った。そのおかげで僕は思い切って出ることができたと思う。

僕が伊紀分教会を出ようと考えた理由の第一は、教会長として少しでも神様の近くで暮らしたかったこと。前にも言うたように教会は他人の家の納屋《なや》にあるから生活することは許されへん。けど、近くに住みさえすれば神様の側におる時間も増えるし、家族揃っておつとめができる。

第二には土地の人になりたかったこと。毎日においがけに歩いてるお陰で少しは知り合いもできて〝怪しいヤツ〟の噂も徐々に収まってはきたけど、やはりヨソ者ではここと言うところの信用がない。

おぢばのゲートボール大会に村のチームをお連れしたことから、お年寄りの知り合いができ、その人の口利きで家を借りることができた。雨漏りはするし、便所や風呂が屋外にある不便な建物やけど、何より嬉しいことは教会まで歩いて五分ほどで行けること。

四月を前に最小限の荷物を運び込み、移り住む準備が整ったので夫婦揃って父に挨拶に行った。三月末とはいえ夜の空気はまだ冷たい。僕らは会長室前の廊下に座って障子越しに話しかけた。

「会長さん、裕次ですが、ご挨拶に伺いました。今よろしいでしょうか？」

「おお裕次か、まぁ入れ」

父が僕らを部屋に招き入れることはめったにない。いつも廊下から話を伺うばかりやったのでちょっと驚いた。僕らは恐る恐る部屋に入り、部屋の隅《すみ》に座った。父はホーム炬燵《ごたつ》に足を入れ、タンスにもたれてテレビのニュースを見ていたが、ややあって僕らに向き直った。

「そうか、いよいよ引っ越しか。ま、元気でやれよ。月次祭には参拝に行くからな。ところでお前らに言うておくことがあるからよう聞け」

「ハイ」

「一つは、お前らは村の一番新入りなんやから村の誰よりも低い心で通れ。低いっていうことは、具体的には相手より先に声を出して挨拶するってこっちゃ。エエか、誰かと誰かが出会う時、親神様はどこからか〝お、あいつとあいつが出会うぞ。どちらが低い心かな？〟って見てはるねん。ほんで、先に〝こんにちは〟って声をかけた方に〝お、オマエの方が心低いわ。ワシはオマエが好きや〟って応援してくれはるのや。麻生津へ行ったら犬でも猫でもお前らより先輩や。犬に会うても猫に会うても自分からこんにちはって挨拶するんやぞ、それが低い心で通るっていう姿や。わかったか」

「もう一つ、お前らは今日までは伊紀分教会の青年やったから、お与え（最小限の給与）を渡してたけど、ここを出るからには今後は無しや。分かってるな」

言いながら父はニッと口許を緩めた。僕は一瞬、父の顔が歪《ゆが》んで見えた。

当時、僕は約二百万円の借金を抱えていた。麻生津分教会の神様に今より少しでも良い場所に遷《うつ》っていただきたいと念じてた僕に、ある人から建物を譲ってあげる云々の話が起き、大教会長さんにお願いして銀行からお金を借りてもらったが、結局話がまとまらなかったので、借りたお金をそのまま神様に御供えした。つまり借金だけが残ったってことや。だから僕は伊紀分教会から戴くお与えを全額支払いに回して、それでも足りない分を必死にやりくりしながら返済してた。父もそれは知っている。

「承知やな?」と父は念を押した。僕はチラッと妻を見た。妻は下を向いていて表情は読みとれなかった。――えい、ままよ――、僕は幾分大きめの声で「分かりました」と答えた。

◇　◇　◇

三月三十一日、子どもたちの新学期を前に新しい土地での生活が始まった。電話もテレビもない生活やけど、子どもたちは何も分からずはしゃいでいる。僕も――これから自分の足でひながたを通れる――と清新な気分に満ちていた。

引っ越してまず僕は、知り合いからお餞別《せんべつ》に戴いたお米を伊紀分教会に運んだ。これでわが家にはすっかり食べる物はない。妻が笑いながら「お父さん、もうお米がありません」と、こかん様の逸話になぞらえて冗談っぽく言うた。僕はひながたの真っただ中にいるという感覚が嬉しくて、妻に「もういっぺん言うて」と何回も同じことを言わせたものや。

しかし、僕たち家族はたちまち厳しい現実を味わうことになる。

早速その夜から食べるものがない。僕は引っ越しの以前から子どもたちに「もうすぐ教祖のひながたを辿《たど》るんやから、ご飯を食べない日もあるのやで」と言い含め、子どもたちも「ウン、大丈夫や」と言っていたので、一食や二食抜いても大丈夫と高《たか》をくくっていたが、本当に食べるものがないのはじつに心細いものや。おまけに電気代節約で部屋は暗い。長女や次女は健気《けなげ》に辛抱していたけれど幼い子どもはそうも行かず、長男はシクシク泣き出す始末。仕方なく夜中になってからパン屋さんを探して端パンを買って夜を過ごした。以来数年、わが家の食卓にはよほどのことがない限り、端パン様が主食の座に鎮座されることになった。しかし端パンもタダというわけにも行かず、お金のない時は子どもたちにだけ食べさせて自分たち夫婦は食べないこともたびたび。幾多の先輩たちはこんな道中を通ってくださったのかって身に染みたわ。

三女は当初は保育所に通わせたが、わずか一カ月で辞めさせた。公立保育所のわずかな保育料さえままならなかったからや。辞めさせてからは毎日においがけに連れて行った。本人には気の毒やったけど何が幸いするか分からない。僕は、子どもとはいえ一緒ににおいがけに歩いてくれる仲間ができて何とも心強い思いがしたものや。自転車のハンドルに補助椅子をつけ、長男と僕と三女の三人乗りで春の風を切りながら走る気持ち良さ。突然のにわか雨でびしょ濡れになったこと。柿やミカンがたわわに実る畑の道……、断られるたびに落ち込む僕を屈託ない笑顔で癒《いや》してくれる、幼い助《すけ》さんと格《かく》さんはいつも僕と一緒やった。本当にどれほどこの子どもたちに助けられたか。

忘れられない思い出がある。それは引っ越した年の十二月二十四日のこと。

その日午後七時ごろ、僕は奈良県にあるS大教会から伊紀分教会に向かってスーパーカブを走らせてた。気にかかるのはそこで待っているはずの三女と長男や。大教会の月次祭のその日、身重の妻を少しでも楽にしてやりたくて、僕は朝から二人を伊紀分教会へ連れて行き、ビニール袋に入れた端パンを持たせて、「お父ちゃんはこれから大教会へ行ってくる。夕方には帰るからブランコで遊んでてナ」と言って置いてきたのやった。ひながたを夢見て引っ越した当時の意気込みはどこへやら、そのころの僕は心がペシャンコになっていた。何よりもまず、僕の話に耳を傾けてくれる人などいない。それに、少しは収まったものの『年寄りの金を狙う天理教の若者』の噂は根強く残っていて、行く先々で罵倒《ばとう》されるとやはり凹《へこ》んでしまう。

生活の苦労もこたえた。いくら節約しても、入ってくるお金がないからいつもハラハラドキドキの綱渡り生活。娯楽はない、まともに食べる物もない。その中をひたすら僕を信じてついてきてくれる妻や子どもたち。ありがたいことなんやけど、むしろそれが僕に大きなプレッシャーになっていた。――働いてお金を稼いだらこんなに苦しい思いをさせなくてすむのに……――何度そう思ったことか。

加えて僕の心を圧《お》し潰《つぶ》したのは、伊紀分教会長の父やった。

誰に対しても笑顔を絶やさない父やったが、僕には決して優しい言葉をかけてくれへんかった。それどころか、顔を見るたび「オマエは今のままで良いと思ってはおらんやろな？　オマエも教会長なら一人前の働きをしろ」と厳しく仕込んでくれたもんや。

今思えば、最高の親心やったと思うけど、当時の僕にはそんなこと思われへん。僕の心はだんだん荒《すさ》む一方で「できるだけ上級教会へは行かない、上級では米一粒口にしない」などと妙なことを心に決めたものや。せやから、その日も三女と長男を伊紀分教会へ連れてきたものの、「ここはオマエたちの家ではないから、誰が呼んでも中には入らないように。誰にも何ももらわないように」と、歪んだ心をそのまま子どもにぶつけていたのやった。

僕が伊紀分教会へ帰り着いたのは午後八時を過ぎていた。神殿の中だけが明るく、外は真っ暗や。僕が着くと子どもたちが暗闇から走り出てきた。子どもたちは自分本位な親の言いつけをしっかり守っていたのや。

子どもたちの体は冷え切っていた。僕は何とも言えない気持ちで長男をハンドルの後ろに、三女を荷台に乗せて「さあ帰ろう。お母ちゃんがご馳走を作って待っててくれる」と言いながら走り出したのや。ご馳走などあるはずないのやけど。

五十ＣＣの三人乗りやから表通りは走られへん。人目を避けて裏道を走ると暗い心が余計に暗くなる。その時や、急に雪が降ってきた。長男は寒さに震えて「うー」と唸《うな》ってる。僕は、不憫《ふびん》さや、その他の思いが一気に募《つの》ってきて堪えられなくなった。

すると背後から三女の声がする。

「お父ちゃん、どうしたんや？　泣いてるンか」

「ウン、お父ちゃんは悲しいてたまらんねン」

「ほなら、私が歌を唄ってあげるから元気出しや」

「わかった、頼むワ」
「♪お日様今日もありがとう　背中がポカポカ暖かく
すみれタンポポ咲きました
お月様今日もありがとう　小川がそよそよ涼しくて
真っ赤な柿の実なりました
どうやお父ちゃん、元気出たか？」
「ウン、ちょっと元気出た」
そんなことで急に元気が出るはずはあらへんけど、僕は三女の心づかいに感謝したものやった。
雪はますます激しく、前が見えないほどになってきた。紀の川べりの牛小屋の横にさしかかった時や。積もった雪でタイヤを滑らせて思い切り転んでしもうた。長男は道に投げ出されて「ウワーン」と泣く。その声に驚いた牛たちが大合唱開始。「ンモー、グググ、モー」。
牛に驚いた長男は恐怖のあまりさらに声を張り上げる。

僕は、どうにでもなれというような心境で道路に大の字になって声を上げて泣いた。

「もうアカン、もうイヤじゃ〜」

その時、三女が血の滲《にじ》む膝をさすりながら立ち上がった。そして僕に顔を近づけて言うのや。

「良かったなぁ、お父ちゃん、これくらいですんで。ホンマに良かった。なぁお父ちゃん」

これには僕も参ってしもうた。屈託も打算もなく、父を慰めたいばかりの幼い娘。とたんに涙が引き、自分が戻ってきた。そして「ホンマや。これくらいですんで良かったワ」と心身共に起き上がったのやった。

ひながたの功徳《くどく》

ひながたの道を辿るのはホンマに厳しい。けど、嬉しいこともいっぱいある。何と言うても家族の皆が〝喜び〟に敏感になった。

わが家にはテレビがないから夕食後の時間を持てあましてしまう。そこで考えついたのが家族綱引き大会。毎夜、夕食の片付けが一段落した後、ハッピの帯を二本繋いで、片方を僕が引き、もう片方を残りの家族が引いて綱引き開始。人数は多くても所詮相手は女と子どもやから、始めたころは僕が余裕で勝っていた。けれども子どもの中には負けず嫌いで特訓をする者もいて、そのうちに僕がタジタジするようになり、ある日ついに負けてしもうた。その時の子どもたちの喜びようと言うたら、たかだか家族の綱引きに勝っただけで何がそんなに嬉しいのっていうくらいや。さらに子どもたちが力強くなって、どうしても僕一人で勝てなくなってからは誰かが僕のチームに入ってバランスを保つようにした。子どもたちは、朝起きるなり「今日は私がお父ちゃんのチームやで」とか言うて、早くも夜を楽しみにしている。冬はエエけど夏ともなると狭い家で網戸もないから暑くてたまらんのやけど、子どもたちの熱心さに負けて年中つづけたものや。

食べることもそうやった。ある夏の日、僕は出先で『フルーツみつ豆』の缶詰をいただいた。帰宅途中にふと思いついてカップのアイスクリームを買い、家でみつ豆を器に盛り分け、上にアイスクリームを切り分けて盛った。「さあどうぞ」と子どもたちに勧めたら、長女は「私、これ食べてもエエの？」と涙ぐんでる。「かまへんよ、どうぞ」と言うと彼女は一口一口愛《いと》おしむように食べて「こんなに美味しいもの生まれて初めてや」って。伊紀分教会で暮らしてた時はもっと美味しいものを食べたこともあったのやけど、僕も子どもたちも今ほど感激しなかった。

ひながたの功徳にはこんなことも。

ある日、長女と次女が学校から帰って連絡プリントを僕に手渡した。見るとそこには〝明日は遠足の日です。高学年（4から6年生）は〇〇へ、低学年（1から3年生）は△△へ行きます。ついては、おやつは何を持たせてもかまいませんが、一人の金額が三百円を超えないように配慮ください〃と書かれてある。「うわァ、これはこれは」、僕は思わず頭を抱えた。わが家には三百円はおろか十円のお金もない。知ってか知らいでか娘たちは嬉しそうにはしゃいでいる。「困ったなぁ、何とかならへんものか……」、誰に言うともなしに呟いた時、あることが頭にひらめいた。

——そうや、お金はまったくないというわけでもない……——

半月ほど前のこと。僕は柿畑で仕事をしているおっちゃんににおいがけをしたのや。

「こんにちは、おっちゃん。僕は天理教の者です。えらい忙しそうやけど僕でできることがあったら手伝わせてよ」

「えぇ？　天理教って？　オマエ摘果《てきか》したことあるんか？」

「したことはないけど教えてくれたらできると思う」

「ほならやって見ぃ。枝に青い柿の実がいっぱいついてるやろ。それを枝先に一つだけ残して、あとはちぎり落とすんや。ほれ、こんな具合に」

摘果というのは秋に大きな実を収穫するために、実が青い間に数を減らす作業や。僕は背伸びをして教えられた通りにやってみた。

「お、天理教の兄ちゃん、なかなか手つきがエエやないか。それに背が高いのは便利やナ。ちょうど良かった、摘果が遅れてどうしょうかって思ってたんや。一日手伝ってくれるか？」

と言うわけで、僕は終日その畑で摘果を手伝った。もちろん神様のお話をしながらやで。そしたらおっちゃんは帰り際に財布から五百円を出して僕にくれようとしたのや。僕は「お金なんていりません。僕は喜んでやらせてもらったんやから」って言うと「こっちも助かったんや。心ばかりやけど受け取ってくれんかったら、バチが当たってうちの柿がマズくなるわい」

そんなことで僕はその五百円を次の伊紀分教会の月次祭に御供えするつもりで大切に持っていたのや。

僕は考えた。

――子どもたちも幼いながら、一生懸命に道を通っている。御供えが大切なのは分かってるけど、たまには子どもを喜ばせてやっても、悪うないのとちがうやろか……――

さんざん迷ったあげく、僕は意を決してこっそり長女と次女に耳打ちした。「あのな、お父ちゃんがおやつを買いに連れて行ってやるから、さとえと大吾（三女と長男）にわからないように外へ出なさい。三人で自転車で行こう」。二人は父の口から飛び出した思わぬ言葉に大興奮。目はパチクリ、鼻の穴はフゴフゴや。僕が一足先に表へ出ると二人は抜き足差し足でついてくる。声を潜《ひそ》めて尋ねた。「どうや、バレてないか？」「バレてないバレてない」「ほなら行こうか」「ウン、行こう行こう」

目指すは『スーパーマルカネ』。わが家からは二キロほどもある。それぞれが自転車にまたがり、鼻息も荒くいざ出発という時、どこかから「あれま、宮田さん、どこ行くの」と声がした。ヤバい、お隣のオバちゃんが塀越しに僕らを見てる。このオバちゃんは長女の同級生のお母さんで平素から僕らに親切にしてくれるねんけど、今会うのはヤバ過ぎる。というのは、そのオバちゃんはやたらと声がデカいねん。僕が経験から感じるには、日本にはおせっかいな人ほど声が大きいという法則があるみたいで、このオバちゃんはその典型や。僕は目を合わせないように会釈して塀の下を通り過ぎようとしたのやが、どっこいオバちゃんはいつもに倍する大音量で僕らに喋りかけてきた。

「あ、そうやったそうやった！　明日は遠足やから買い物に行くねんな？　それなら自転車で行ったら遠いからうちの車に乗って行きヨ。キーはついてる、遠慮はいらんでェー」

あ～ぁ、予感的中や。気がついたら三女と長男が僕の服をしっかり掴んでた。

スーパーマルカネのお菓子売り場では長女と次女が横っ飛びに行ったりきたり、さながらマダガスカルのベローシファカ（横に飛んで走るサル）や。無理もない、長女は小学校三年生にもなって初めて自分の買い物をするのや。お菓子を手に取ってはブツブツ呟いて元に戻し、次を手に取ってはまた戻し……。次女は次女で口の中で暗算を繰り返してる。「チョコレートが八十円で、ガムが五十円でラムネが三十円。これで百六十円やから残りは九十円……」

その時、長男が何の気なしに目の前のお菓子に手を伸ばしたんや。すると隣にいた三女がすばやくその手を押さえて低い声で言うた。「大ちゃん、私らにはないのやで」。僕は頭から血が引くのを感じたわ。何とも言いようのない苦さが喉の奥から湧き上がってきて――つらい、つらくてたまらん。こんなつらい思いは初めてや、天理教って何てつらいんやろ――って心底思った。

二人の姿を見ていられずに目を閉じたら、子どものころに読んだ絵本が浮かんだ。粗末な着物を着て、壊れた土塀の陰から秋祭りの行列を見ているこかん様。こかん様の肩には秀司様の手……。

相変わらず姉たちはお菓子を取り上げては眺めを繰り返してる。ふと気がつけば下の二人が見えへん。驚いた僕はあちこちを探し回った。すると二人はお菓子売り場から遠く離れた日用品売り場の隅で、壁に向かって手をつないで「ウー、ウー」って唸《うな》ってる。「オマエら何してるんや、おらんようになったから心配したで」と僕が言うと三女は「二人で辛抱してるねん」って答えた。せっかく癒《い》えかけた心の傷口がまた開いて血が出た。

明くる日、長女と次女は妻が作った世界に一つしかないリュックサックをそれぞれ背負って意気揚々と出かけて行った。リュックの中には妻の苦心作、端パンのお弁当と、二人が厳選に厳選を重ねたおやつが入ってる。よほど楽しみやったのか、二人は昨夜リュックを枕元に置いて寝たものや。

さて、僕はいつものようににおいがけ。下の二人に「おーい、行こうかぁ」って声をかけたけど、三女は何かして遊んでるし長男は寝ているので仕方な

しに一人で出かけた。

その日は遠く足を伸ばして和歌山市の病院を訪ね、知り合いが紹介してくれた家を回っている間にいつしか昼時を過ぎ、家に帰り着いたら夕方になっていた。西陽《にしび》が辺りを赤く照らしてる。疲れた足を引きずりながら自転車を押していると、後ろから「お父ちゃん、ただ今」と元気な声がして長女と次女が僕を走って追い越していった。二人の後をわが家の門口までくると、二人は玄関の板の間で妹と弟を呼んでいた。

「ただいまー、さとえと大吾はいるー？」「おーい、さとえ、大吾、出ておいでー」。その声に三女と長男は「おかえり、お姉ちゃん」「どうしたん？」と次々に顔を出した。すると長女が「二人とも、そこへ座り」と二人を板の間に座らせる。言われるまま板間に座ってポカンとしている二人を尻目に自分たちも座って長女が言うた。「ハイ、二人ともしっかり目をつむって。エエか、そのままでちょっと待っときや」。姉たちは二人が目をつむったのを確かめ、リュックの紐をほどいて逆さまに振った。すると弁当箱やハンカチと一緒に、昨日僕が買ってやったお菓子が何一つ封を切らずに出てきた。

「ハイよろしい、目を開けてもエエよ」。下の二人は目を丸くして目の前のお菓子を見てる。姉たちは「さあ、あんたら何でも欲しいものを取り」「どれ取ってもエエよ」と交互に妹たちを促す。妹たちはしばらくお菓子を見つめていたが、三女が「お姉ちゃん、ホンマにもらってもエエのん?」と尋ねた。姉たちは「あったりまえやんか、なぁ?」と顔を見合わせてうなずき合っている。やがて小さな手がおずおずとマーブルチョコレートに伸びた。「お姉ちゃん、これもらってもイイ?」。どうやらそれは次女の本命やったみたいで、急に彼女の顔がこわばる。それでも「ウン、イイよ」と無理矢理に笑顔。すると「お姉ちゃん、ボクはこれもらってもイイ?」。次の手がおまけ付きのキャラメルに伸びる。顔を引きつらせながら「あったりまえやんか、何を取ってもエエって言うたやろ」って答える長女。こうして次々と「これもらってイイ?」が繰り返されたが、姉たちは半べソになりながらも決して「ダメ」とは言わへんかった。お菓子がほぼ四等分に分配されたとき、三女が「お姉ちゃんありがとう、お姉ちゃんらが買うてもろたのに」、とお礼を言うと、長男も「ありがとう、お姉ちゃん」って、お菓子を膝に置いて丁寧に頭を下げた。「さとえも大ちゃんも嬉しいか?」ってニコニコしながら長女が尋ねた。「ウン、嬉しい」下の二人が応える。

恥ずかしながらこのあたりになると僕は涙と鼻水で子どもたちの顔がよく見えてへん。僕は「何言うてんねん、一番嬉しいのはこの僕や!」って叫びたかったワ。子どもたちの向こう側で一部始終を見ていた妻の顔も涙でクシャクシャやった。

僕は思った――こんないい子たちに恵まれて、僕ほど幸せな親はおらん。父親冥利《みょうり》に尽きる――って。昨日は、こんなにつらい目に遭ったことはない、って嘆いてたのに、我ながらエラい変わりようやナ。やっぱりひながたの道はたとえちょっとでも通らんと味わいが分からんものや。もしわが家に四人分のお菓子を買うのに困らないくらいのお金があったとしたら、子どもたちのたすけ合いもなかったやろうし、僕や妻がこんなに喜ばせてもらうこともなかったと思う。ホンマ、ひながたはありがたいワ……ちょっと苦しいけど。

もう、どないせえっちゅうねん

話は前後するけど、引っ越しからそんなに日が経っていない四月末のある夕方、においがけから教会へ戻ると入口に鍵《かぎ》がかかってて入られへん。こんなことは僕が会長になってから一度もなかった。朝づとめの時には開いてたのにどうしたんやろ？　イヤな予感がした。前にも言うたように麻生津分教会は農家の納屋の一《いち》隅《ぐう》にあり、土間で隣室の台所と繋がってる。台所は昔ながらの竈《かまど》がある暗い部屋やけど、初代会長さんの息子さん家族（教会の家主）はなぜか新築の母屋を使わずそこで食事をしてる。つい最近、僕がおつとめをしている時、台所で誰かが「早よ出て行ってくれたらエエのに……」と聞こえよがしに言うてたのが頭をよぎった。

――ひょっとしたら締め出しのサインやろか――

良くない想像をしながら建物の裏側へ回ると奥さんが（初代会長さんの息子の

お嫁さん。六十歳くらい）背中を向けて野菜の土を落としてた。僕はこの奥さんが苦手や。平素から無愛想で怒ったような口のきき方やねん。天理教が大キライ、つまり僕のことも大キライ。

それでも鍵を開けてもらわんことにはどうしようもないから、僕は背後から「こんにちは、いつもお世話になります」って挨拶した。見向きもしてくれへんので「あのう、奥さん……」ってもう一度声をかけたら振り向きざまに「アンタら、いつになったら出て行くねんっ」って怒鳴られた。あんまりいきなりで心臓が止まるかって思うたワ。しどろもどろで「あ、あの……」って口ごもっていると、

「もうすぐ出て行ってくれるって喜んでたんやで。あんたら、近所へきたんやったら何もウチに神さん置いとくことはないやろ」

「ハ、ハイ、言われるとおりなんやけど、教会の神様は僕らが勝手に動かすことはできへんのです。上級の会長さん、それに大教会長さんにご許可いただいて、それから天理教の本部に願い出て。本部でお許しをいただいて初めて動かせるん

です。せやから今すぐというわけには……」

「何をウダウダと。ほんなら、いつごろになったら出て行ってくれるんや？」

「あのぉ……、今から上級の会長さんと大教会長さんに僕らの家に神様を祀《まつ》ってもエエか尋ねて、エエって言うことやったら手続きにかかって……。うーん、半年くらいはかかると思います」

「まどろっこしいなぁ、ホンマに。ほんなら今は四月やから、九月の末には出て行ってくれるんやな？」

「よくは分からんけど、大体それくらいはかかるかと……」

「エエ加減なこと言わんといてんか。よっしゃ、決めた。九月の末まではこのまま置いといたる。けど、一日でも延びたら放り出すで。私ら、親が祀《まつ》ったものやからずっと辛抱してたんや。親も死んだのにいつまでもウチに置いとく理由はあらへんわナ。九月やで九月」

言うなりそっぽを向いてしもうた。僕はおずおずと「あのう、それまで鍵は開けてくださるんで……」と尋ねると、「開けといたる。けど、九月までやで」と後ろ向きのまま言うた。

エラいこっちゃ、僕かて教会の移転は考えないことはなかったけど、引っ越したばかりやし、まぁそのうちぼちぼち手続きにかかろうか、くらいの気持ちでおったんや。こうなったら急がなアカン。僕はその日のうちに伊紀分教会へ行って父に意見を聞いた。


「……というわけです、会長さん。どうさせていただいたらよろしいですか？」

「オマエはどう考えてるんや？」

「ハイ、今借りてる家に神様をお遷《うつ》しして教会にしたらエエのかなって考えてます」

「はて、それでかまわんって大教会長さんがおっしゃるかな……」

「分かりませんけど、今のところそれしか方法がないと思います」

「ま、大教会長さんにお伺《うかが》いしてみ」

ということで僕はさっそく大教会長さんに電話で連絡を取った。S大教会の大教会長さんは気さくな方で、僕らのような一布教師にも御自身で応対してくださる。その時も「ほなら一週間後に見に行くから」と軽く言ってくださったのでホッと気が楽になったものや。じつはその時、僕の中では、事情が事情だけに大教会長さんはきっとＯＫしてくださる。そしたらさっそく、教会移転願の願書作成にかかって、遅くとも六月中に提出。六月か七月にお許しを戴いて神様にお遷《うつ》りいただく。そうすれば余裕で九月には間に合う。こんな皮算用を立てていたのや。

さて、一週間が経ち、大教会長さんがはるばる僕のあばら屋を訪ねてくださった。家の前まで車が入れないので百メートルほど離れた場所に車を停めて、それから歩いていただいたのやけど、少々栄養過多気味の大教会長さんは家までの上り坂がきつくてゼエゼエ言っておられた。最後の階段の前で立ち止まって「ほう、裕次君はこんなところに住んでるんかぁ……」と一しきり感心しておられる。階段を上がってさらに一声「はぁー、エラいところに住んどるなぁ……」。

台所でお茶を上がっていただいてから僕が切り出した。「この建物に神様をお祀りして教会にしたいのですけど、どんなものでしょう？」

「この家はどんな間取りや？　どこに神様を祀るんや？」

「ハイ、一階はこの台所と六畳間が一つ。二階は六畳と四畳。その六畳に神様を祀りたいと思います。こちらです」と大教会長さんをご案内して二階に上がると、「おぢばはどちらの方角になる？」と聞かれる。「こちらです」と僕は北東を指さした。そちらは祭壇を置く予定の反対方向や。大教会長さんは即座に「裕次君、こりゃぁアカンで」って言われた。

「え、何がですか？」

「何がって、ここを教会にすることがアカンのや」

僕が黙っていると、

「教会っていうのは月次祭のおつとめを勤められんかったらお許しをいただかれへんのや。ここでおつとめができるか？　それにおぢばとは反対方向やないか。オレは真柱様にこんな場所を教会にさせてくださいとはとてもよう言わんワ」

頭の中がガーンって鳴ってる。

――いくら何でもこんな場所とはあんまりやないか。僕は必死やねん。もちろん大教会長さんが言われることはよく分かる。六畳というても京間やから狭いし、おぢばとはまったく逆方向や。けどＳ大教会の部内でもこれとたいして変わらん教会もある。何でウチはアカンのや？　ましてや事は切迫してる。自分のメンツがそれほど大事なんか？　部内教会はどうなってもエエんか？――

一秒ごとに腹が煮えくりかえってくる。けど僕は感情を出さず「ほなら、どうしたらよろしいんですか？」と穏やかに尋ねた。

「そんなん簡単や、おぢばの方向を向いておつとめができる建物を探したらエエねん」

「それは分かってますけど、九月には今の教会を空け渡さんとあきません。今は五月やし、願書やお運びのことを考えるととても……」

「そんなことオレかて承知や。けど、この家ではお許しをいただけへんて言うてるねん」

「緊急避難でお許しいただくわけには」

「なんぼ言うてもアカンものはアカンねん。もしこの家で願い出るのやったら、何年何月にはちゃんとした場所にお遷《うつ》りいただきますから、それまで仮の場所としてお許しくださいっていう理由しかあらへん。それにしても、次にお祀りする場所が決まっていなかったら願い出ることはできへんのや、分かるやろ？」

「……」

――このあばら家でさえ、他所者《よそ》の僕が借りるのにどれほど苦労したか。それに僕らが日々どんな暮らしをしているか。やっぱり大教会長なんて雲の上の人や。貧乏布教師の切実さは分からへんのや――

大教会長さんの声が虚《うつ》ろに耳の中でこだましている。僕は床に目を落としながらそんなことを考えてた。

次の日から僕の家探しが始まった。何せ大教会長さんは一度言い出したら絶対後に引かへん人やから僕は仰せに従うしかない。けど、おぢば方向を向いておつとめができる広さの部屋があり、空いてる家などめったにない。たまに条件に合う家が見つかっても家主が地元に住んでいなかったりして、僕ははるばる京都や大阪までも足を運んだものや。そして結局誰にも相手にされなかった。

家探しで万策尽きた僕が次に思いついたのは土地を探すことやった。古い家はいくら大きくても教会にするには改造が必要や。けど、土地なら少々狭くても始めからおぢばに向いた建物を建てればエエのや。お金はどれほどかかるか分からんけど、田舎やし、トタン張りのバラックなら無茶苦茶高いものにはならんやろ……。

しかしこれまた相手になってくれる

人はおらんかった。田舎では土地を手放すのは家が没落したことの証なんや。ましてや他所からきた得体の知れん若造に土地を売るなどまったくの恥さらしということらしい。十数件の物件を当たったがことごとく断られた。

――もう、ホンマにどないせぇっちゅうねん。ひょっとして親神様は僕のことをキライなんやろか？　ええい、こうなったらヤケクソや。僕はご用聞きだけするから後は親神様に自分で交渉してもらおう――、というわけで、それから僕は畑であろうが田圃《たんぼ》であろうが、とにかくこれと思う土地を見つけては、その場所でお願いづとめをして回った。

「どうですか親神様？　ここが気に入ったらご自分で何とかしてくださいよ」ってなもんや。

いたずらに日は過ぎて七月になった。そのころ僕は――このまま九月の末になったら、お許しがなくても神様を自分の家に遷そう。大教会長さんがどう言おうと他に手段はない――って考えてた。

僕の住んでいる麻生津村はかつてはその名のとおり麻がよく採《と》れた場所で『あさもよし（麻も良し）』って紀ノ国にかかるまくらことばはこの周辺が発祥らしい。風光明媚《ふうこうめいび》な場所もいくつかあって、万葉集に出てくる船岡山もその一つ。紀ノ川の北側の背ノ山《せのやま》と南側の妹山《いもやま》に挟まれて、川幅がぐっと狭くなった真ん中に船岡山という島がある。川に沿った道はその付近だけずっと高くなって流れを眼下に見下ろすのや。僕はこの辺りが大変気に入ってた。土地が高いから水害の心配がない、道が北東、つまりおぢば方向に走ってるから道沿いの土地は自ずとおぢば方向に向いている。家が少なくて静か。そして何よりも風景が美しい。せやから僕はその付近の土地にはいっぱいお願いづとめをしておいたのやった。

ある日、僕が汗を拭き拭きその辺りを歩いていると、道からずっと下った畑で仕事をしている人がいる。おぢばのゲートボール大会にお連れした南さんや。

「南さん、こんにちはー。暑いですねぇ、こんな所にも畑をお持ちなんですかぁ」

「おぉ、天理教の先生かぁ。そうやねん、こんな不便な畑やから年寄りには大変や。車は入らへんし、道は細いしなぁ。そう言えばアンタは土地を探してるんやって？　噂になってるで。アンタ、この東隣のミカン畑はどうよ？」

「誰の土地ですかぁ？」

「さぁ、そんなことワシャ知らんけど……」

この無責任な会話が後に思わぬ展開になることを、その時の僕は知らなかった。

まさかの展開

「東隣のミカン畑ってどの辺りですかぁ？」

「昔、牛小屋があった場所知ってるかぁ、その真向かいよぉ」

「ありがとぉー」

――はて？　そんなところに畑があったかなぁ……――、訝《いぶか》りながら行ってみると、はたして道の下に二十坪くらいのミカン畑があった。ここらへは何度も足を運んだのにこの畑は見はじめや。道の端《はし》がススキに覆《おお》われてて下が見えへんかっめたのや。

——狭いなぁ、それにずいぶん低い。あっちとはエラいちがいや……——。溜息をつきながら振り返る。道の向かい側にはちょっと高台になった土地が見える。教会を建てるには打ってつけの土地や。張り巡らされたロープに「葛の葉不動産所有地、関係者以外立ち入り禁止」の札がかかってる。

じつはその土地には忘れられない思い出があるのや。数年前、僕が教会長になりたてのころはその場所に牛小屋があった。村の青年団が土地を借りて共同経営してたのやけど、しばらくして行き詰まって土地を返すことになった。その時に地主さんが「この際、誰かに買ってもらいたい」って言うたとの情報が伝わってきて、僕は無鉄砲にも交渉に行ったのや。すると意外にも地主さんは「神さんのことに使ってくれるんやったら喜んで売ります」と言うてくれたので、僕は本気で金策にかかったのやけど、しばらくして「やっぱりよう売りません」との連絡が入った。何でも川向かいの町の土地ブローカーが「何で旧知のワシに売らんと天理教に売るんや？」って横槍を入れてきたっていう話や。僕は「仕方ありませんね」と引き下がったものの、三百坪の広さに破格の値段、それにおぢば方向に真っ直ぐなだけにどうしてもあきらめきれず、ある夜、ブローカーの家を訪ねたのやった。

四月の雨が街灯に照らされて幾筋もの糸に見える。「岩城」と表札がかかったその家は周囲を大谷石《おおや》の塀で囲った豪邸やった。門扉が開いていたので中に入ったものの、家の大きさと、まだ見ぬ相手に圧倒されて急に足が震えだした。あちこちで庭木が滴《しずく》を落としながらお辞儀をしてる。僕は雨に打たれながらしばし石畳に立ちつくしていた。目の前のベルが押されへんのや。指を近づけては離し、また近づけては離し、何度も同じことを繰り返して、チラッと――どうせダメに決まってる、あきらめて帰ろうか――って思った時、別の僕が僕を叱咤《しった》した。

――こら、逃げるな。教会長がハッピを着て逃げてどうする？　これは親神様の御用や。いくら怖いブローカーでもまさか殺しはせん――

その声に背中を押されて「ええい」とボタンを押した。間もなく玄関の中が明るくなり「はーい」と声がした。僕は無意識にその場に正座した。パタパタと履物の音がしてガラス戸が開いた。

「ハイ、どなた？　キャー！　あんたそんなとこで何してんのよっ」――素っ頓狂な声が庭に響いた。

「夜分に申しわけありません。僕は麻生津にある天理教の教会長をしている宮田って言います。北畑の県道沿いの土地のことでこちらのご主人にお願いに上がりました」

「え？　天理教って……、アンタ何でそんな恰好してるのヨ？」

「ハイ、何としてもお願いを聞いていただきたいと思って、このようにしています」

「何か知らんけど主人に用事なんやね？　今呼ぶワ」

玄関の奥から会話が聞こえてくる。「変な人がきて家の前で土下座してる。天理教やって。アンタにお願いがあるって言うてるで」「エ？　天理教なんてワシは知らんぞ」「何でもエエから早よ出てヨ。もう気持ち悪いィ」

しばらくして主人を先頭に家族全員がゾロゾロと出てきた。

「オマエが天理教か？　ウチへ何しにきたんや」。威嚇《いかく》を込めて主人が言う。

「ハイ、北畑の牛小屋の跡地を僕に買わせてもらいたくてきました。地主さんが一度は売ってくださるということやったので僕はどうしてもあきらめきれへんのです」

頭に落ちた雨が耳から頬を伝って流れ落ちる。僕は石畳だけを見ながら答えた。顔を見なかったら案外怖くないもんや。

「あぁ、あのことか。あそこはずっと昔から地主に売ってくれるよう頼んでたんや。横槍を入れたのはオマエの方や」

「事情はよく知りませんが、そこを何とかお願いできないかと」

「いくら言うてもアカン。もう手付けも打ったんや」

「僕が手付けをお返ししてもあきませんか？」

「アカン言うたらアカンのや。けど、オマエは何であの土地にこだわるんや？

他にも土地はあるやろが?」

「僕は教会を建てたいんです。今、僕が預かってる教会は設立の時から借地借家なんで、僕は一刻も早く神様に安心してお鎮《しず》まりいただく建物を建てたいと願ってました。

ほんで、あそこは天理教の教会には最高の土地なんです。天理教では教会は天理教の本部の方に向かって建てるのが決まりで、あの土地はちょうどその方向を向いてるんです」

「金はどうするねん、天理教の本部がくれるんか?」

「いいえ、本部からお金が下りること

はありません。お金は僕が借金してでも何とかしようと思っています」

「借金できるっちゅうことは給料が高いんやな。貯金もなんぼかあるのか？」

「いえ、僕は誰からも給料はもらってませんし、一円の貯金もありません、けどどうしても神様に喜んでもらいたいので……」

「ウソを言うなっ」

「ウソとちがいます」

「ウソとちごうたらオマエはアホか？」

「ハイ、かなりアホやと思います」

「ほっほっほ、世の中には変なヤツもおるもんやなぁ。夜中に他人の家にきていきなり土下座して。金もないのに教会を建てたいから土地を売れやて。長いことこの商売してるけど、オマエみたいなヤツに会うのは初めてや」

「何とか僕に土地を買わせてくれませんか」

「それは絶対にアカン。もう次の買い手も決まってる。けど、ワシは天理教とオマエのことは忘れへんわ。ほれオマエ、服がビショビショやないか。早よ帰って着替えろ。風邪引かんようにナ」

◇　◇　◇

実際に畑に下りて見ると県道との段差は三メートルくらいでおまけに斜面になってる。ここで転がったら十数メートル下の紀ノ川へ直行や。けど、工事の仕方によっては斜面を均《なら》して二階を入り口にした建物ができるかもしれへん。そしたら観光旅館ばりの絶景になる。約二十坪、これくらいあれば何とかなるやろうし……。（素人というのは恐ろしいものやナ、今思うと、ちょっとでも建築のことを知っている人やったら「絶対やめなさい」って言うワ）

興味を持ったものの、土地の持ち主はわからへんし、調べる方法もわからへん。南さんの言うには地元の人とはちがうらしいし……。

明くる七月二日は組の例会やった。麻生津分教会は和歌山教区野賀支部一組に属してて、毎月二日が例会日になってる。一組には六つの教会があって皆仲良しや。例会では情報交換というか世間話というか、とにかくガヤガヤ言い合ってる。

ひとしきり話が出つくして、もう例会も終わりという時に誰かが「宮田さんは神様を借りた家にお遷《うつ》しするつもり？」と僕に尋ねた。僕は「いや、かくかくしかじかで」と今までの成り行きを述べ、「土地を見つけたんやけど、持ち主をどうして調べたらエエかわからへんねん」って言うと、机の向こう側に座っていた須貝君が「そんなん、簡単でっせ」って声を上げた。須貝君は伊紀分教会の部内の部内、那津分教会の会長さんや。高校を出てから天理教本部の管財課に勤めてたので不動産にはかなりくわしいらしい。須貝君とは顔なじみやけどそんな特技があるなんてちっとも知らんかった。

その日の午後、須貝君が地方法務局に一緒に行っていろいろ手続きをして土地の持ち主を見つけてくれた。野賀町王子三六五番地の谷口勝夫さんって人やった。僕は法務局からその足で住所地へ向かった。

探しても探しても谷口って家はない。三六五番地はおろか、王子中を一軒残らず探し歩いて、出会う人ごとに「この辺りに谷口さんという家はありませんか？」って尋ねたけど誰も知ってる人はなかった。どうやら谷口って人は実際にこの地に住んでいる人とちがうらしい。ここへきて情報の糸が途絶え、もう僕にはなすすべがなかった。

ところが、それから数日後、自転車で例の土地の横を通りかかると県道に軽トラックが停まっていて、畑でおじさんが仕事をしている。初めて見る人や。僕は自転車を降りて駆け寄った。

「おじさんはじめまして、この畑はおじさんの土地ですか？」

「そうや、それがどないかしたか？」

「ひょっとしたらおじさんは谷口勝夫さんですか？」

「いいやちがう、ワシゃ松岡って言うんや。谷口勝夫はワシの嫁はんの兄貴や。アンタ、何で兄貴の名前を知っとる？」

見るからに人の良さそうなおじさんは目を丸くした。

「僕は天理教の教会長で、神殿を建てる土地を探してます。じつはこの畑に興味があって法務局で持ち主を調べたら谷口勝夫って名前やったんです」

「あぁそうか。兄貴はとっくに死んでるんやけど名義はそのままなんやな。実際はワシの嫁はんがずっと昔に兄貴から譲り受けたんや。ほら、あそこにおるのがワシの嫁はんや」

おじさんが指さす方には手拭いを被ったおばさんが畑仕事をしてる。

「ところでおじさん、この畑を売ってくれませんか？」

「売ってもエエよ、ワシら年寄りやからもう畑もつづけられへんし。けど、この畑はここからずっと向こうまで繋がってるんやで。全部買うてくれるんかな？」

「えぇっ？　ここだけとちがうの？　全部ってどれくらいの広さで……」

「そうやなぁ、三百坪くらいとちがうかな」

「うわぁ、三百坪ですかぁ？　一体いくらなら……」

「天理教の兄さん、ホンマに買う気ならいっぺん家へきなはれ。ワシも嫁はんと相談せんとはっきり決められへんし」

「ほなら今日の夕方行ってもイイですか？」

「今日？　エラい急やな、エエよ。待ってるワ」

というわけで、その日の夕方、僕は妻を連れて、教えてもらった住所を訪ねたのや。

行ってみたら何かしら見覚えのある場所やった。「何でやろ？　知らん所やのに……」と周囲を見回して驚いた。真向かいに『岩城』って表札がある。そうやったのか……。何年も前のことやし、夜やったしで分からへんかった。

ふと閃《ひらめ》いた。

――神様の筋書きかも……――

夢かうつつか

やっぱり神様の筋書きやったんやろか、土地の話はトントンと進んだ。ほんで、当初は二十坪ほどあれば教会が建つと思っていたのに、結局ミカン畑を一つ（面積にして約三百坪）買うことになってしもうた。

「三百坪をいくらで売ってくださるのですか？」って尋ねたら「ま、息子の車と同じくらいの値段で」ってことで示されたのは三百万円。僕は「ええっ？　一坪一万円。安っ」って思うて、「ハイ分かりました。その値段で買わせてもらいます」って即答してしもうたがな。後になって考えると少々高い買い物やったみたい。坪単価だけなら誰でも安いと思うやろけど、三百坪あっても平地は皆無やし、ヒョウタンを縦に半分にしたような形やから使える土地は五十坪ほど。隣地との境界は曖昧。おまけに農地やから宅地に転用するには複雑な手続きがいるし、もちろん水道は通ってない……。地元の人たちは「アホちゃうか、天理教はあんな二束三文の土地を三百万円も出して買うらしいで」って噂してたらしい。当の僕は土地を売ってもらえることで有頂天で、宅地転用や水道、電気のことなどまったく頭になかった。けど、今から思えば余分な知識がなかったお陰でいろんなことがうまく運んだと思うワ。何よりも神様にお鎮まりいただく土地につまらない人間心を使わなくて良かった。

お金は大教会長さんに頼み込んで大教会として銀行から借りてもらった。僕が大教会へ飛んでいって大教会長さんに「土地を売ってもらえることになりました。

お願いです、銀行から借りられるように手配してくださいって頼むと、大教会長さんも僕に厳しい注文を出した手前、「その話はホンマに大丈夫か？」と案じながらも承知してくれた。以前にここで話したけど、僕はそれまでにも大教会を通じての借金がある。伊紀分教会でいた当時は何とか返済を滞《とどこお》ることはなかったけど、今の生活になってからは生きるだけで青息吐息。支払いは遅れたり足りなかったりで大教会には大変に迷惑をかけている（もちろん最終的にはちゃんと元利とも払ったんやで）。それでも新たな借金を許可してくれたのは、大教会会計の江島先生が「宮田を育てると思うて貸してやってください」って進言してくれたお陰や。

土地の売買やその他の手続きのお陰で僕はいろんな社会勉強をさせてもろうた。売買契約書の書き方やら、土地の境界線の決め方やら、天理教の中だけで暮らしてた僕にとってまったく知らないことばっかり。特に苦心したのは農地を宅地に転用する手続きや。司法書士さんに任せるのが普通らしいけど、お金がないから自分でするしかない。そもそも畑や田圃などの農地を農家でない者が売買できないって法律があることさえ知らず、役場へ行って「畑を宅地に転用するための書類をください」って言うたら係の人が「四条ですか、五条ですか？」ちんぷんかんぷんの僕に説明をしてくれるには、宅地転用にも目的別に種類があって、所有者自らが転用する場合は農地法第四条、他人に売ったり貸したりする場合は農地法第五条の申請が必要なんやとか。「僕は松岡さんって人から土地を買うて家を建てますねん」って言うと「つまりアナタが松岡さんの代理で五条の申請をするってことですね。それならこの書類と土地の平面図、断面図。他に建物の図面と排水計画書、隣地の同意書、事業計画書、資金証明書も必要です」って呪文みたいなことを言いながら書類の束を渡された。僕は頭がクラクラしたわ。

「土地の平面図は分かるけど、断面図ってどんなものですか？　地面を掘るの？」

「土地家屋調査士さんに頼んだら測量して図面にしてくれますよ」

「自分ではできませんか？」

「さぁ？　今までそんなことをした人はいなかったので……」

書類を抱えて家に帰り着いたけど心は灰色や。お金さえあれば簡単なことが無一文の僕には何もかも手探りなんや。「なあ信子。測量って専門家に頼んだらいくらくらいかかるのやろ」って妻に話しかけると「そんなこと私が知ってるわけないやん。大丈夫よ、神様が自分で探した土地やもん、神様がちゃんとなさるワ」って笑ってる。僕は――人の気も知らんと暢気《のんき》なもんや――ってちょっと不足に思うたわ。

けど、妻の言うたことは本当やった。ある日、僕が伊紀分教会に参拝すると若いようぼくの南浦君が門の方からやってくる。南浦君が自分から教会へくるなんて珍しいなぁって思いながら「やぁ、元気?」って声をかけると、彼ははにかみながらペコリと礼をした。なんでも、好きな人ができて結婚したいのやけど、片思いやから神様にお願いしにきたとか。僕が「うまく行ったらエエのにね。ところで南浦君は今どんな仕事をしてるん?」って尋ねたら、何と隣町の役場の農業課に勤めてるって。

「ええっ、農業課？　ほなら宅地転用の手続きなんかくわしいん？」

「当たり前ですよ、それが仕事ですから」

「土地の平面図と断面図を提出せんなんのやけど、誰か測量する人知らん？」

「僕で良かったらやりますけど」ってわけで、彼は休日返上で測量をしてくれた。

そればかりか申請書や添付書類の書き方まで詳しく教えてくれた。言われたように書いてみれば、いかめしい名前の排水計画書や事業計画書も何てことない書類やった。なるほど、神様はこんなふうに手配なさるんや。

こうしてほとんどの書類が揃った。最後まで残った隣地所有者の同意書も、あの人は有名な気むずかし屋やから簡単にはハンコをくれんやろって噂を尻目にあっさりと捺印《なついん》してくれ、皆に驚かれたもんや。

最大の難問は建物の図面や。これだけは素人の僕にはどうしようもない。第一、土地を買うのに精一杯でどんな建物を建てるかなんて想像したこともなかった。

それでも土地を買うために図面は必須なんや。僕は思いあまって同じS大教会部内の小津先生に電話をかけた。小津先生は一級建築士の資格を持ってる教会長さんや。

「もしもしこんにちは小津先生、宮田裕次です」

「おぉ宮田君、どうしたんや？」

「じつは土地を買うことになったんですけど、宅地転用申請に建物の図面がいるんです。先生描いてくれませんか」

「よっしゃエエよ。どんな建物にしたいんや？」

「ハイ、僕は素人でよく分からんのですが、斜めの土地なんで斜面を削って平らな場所を作って、そこを一階にして二階を出入り口にするのはどうかと……」

「ああ〝吉野建て〟やな。分かった、何か描いといたるわ」

ってなことで、小津先生は現地も見ずに図面を引いてくれた。それがこともあろうに床面積が七十八坪（２５８㎡）もある総二階の大きな建物なんや。どう考えてもこんなデカい建物が建てられるわけないワ。

とにかくこれで書類が揃ったので早速役場へ提出した。係の人が書類を確かめながら「測量はどうされたんですか？」って聞くので「自分でしましたヨ」って、さもこともなげに答えてやった。「ほとんど手伝ってもらったけど」って小声で言うたのはたぶん聞こえてない。

　そうこうしてるうちに気がついたら八月半ばや。本部への願書も急がんとアカン。九月中にお許しを戴かれへんと教会を追い出される。土地の売買は完了してないけど〝見込み〟で願書を提出することになった。願書は三種類。一通は『移転建築願』、文字通り教会を移転建築する願書や。『遷座祭日願』、これは移転建築が完成するまで僕の借家に親神様・教祖・祖霊様を仮にお遷しする願書。それと『臨時祭典願』は奉告祭の願書。

『移転建築願』には当然ながら建物の図面が必要や。僕は小津先生に描いてもらった図面をそのまま流用した。建物なんて実際に建てる時にどうでもなる、とにかく願書提出を急がなアカンって考えたんやけど、後で思ったらこれも神様の作戦やったかも知れへん。とにかく願書は九月のお運びに間に合うた。

　そして九月二十六日、とうとうお運びの日がやってきた。ご本部の月次祭が終わって午後三時に教祖殿御用場に行くと、すでにおつとめ衣や羽織袴を着た人たちが大勢集結していた。お運びでは名前を呼ばれた教会ごとに、願人を右端にして一列横隊に整列するのやけど、どの教会も付き添いの役員さんがいっぱいで、僕の前の列も後ろの列も十人以上は並んでる。それに比べて僕らは妻と二人だけ。妻より左には誰もいない。ふと思った――こんなんで神殿ふしんができるのやろか……。それよりホンマに僕が神殿ふしんをするのやろか……――

時間ぎりぎりに大教会長さんと伊紀分教会長の父がやってきて僕らは総勢四人になった。前の列が名前を呼ばれている。次は僕らの番や。係の人が手元の名簿と僕の顔をかわるがわるに見た。「四十五番、麻生津分教会、前につづいて三列になってお進みください」――

本当にこれは現実なんやろか、僕は今、白扇を広げて真柱様の前で平伏している。横で本部員先生が「麻生津分教会、移転建築ならびに臨時祭典の儀お願い申し上げます」って言うた。すると頭の上で「麻生津分教会、願いどおりすみやか許す」って真柱様の声がした。教祖が鮮やかにお許しくださった。同時に僕は何があっても引き返せない道に踏み出したのや。

◇　◇　◇

野賀町の農業委員会が十一月に開かれて、僕の宅地転用申請が議題に上がったが、会議は紛糾したらしい。というのは、以前僕が話した牛小屋の跡地にファッションホテルが建つ計画が発覚して住民が反対運動を始め、その一方で、安易に宅地転用を認めた側にも責任があるということで、農業委員会が糾弾《きゅうだん》されている最中やったのや。僕の申請を許可する、しないで委員会はもめにもめたが結果的に認められた。地元、麻生津の委員さんが「宮田さんは絶対大丈夫」って強く推してくれたらしいのや。僕はその人に会ったこともないのに何でやろって不思議に思ってると、しばらくして真相が伝わってきた。その人の外孫が何度か僕の教会からこどもおぢばがえりに参加していて、おぢばから帰るたびに、「いただきます」「ごちそうさま」を言うようになったり、食べ物を残さなくなったり、何かしら変化があるそうで家族は驚いている。それを耳にしたお祖父さん（農業委員さん）も大変喜んで僕を信用するに到ったってことやった。要は『おぢばの理』、神

様のお働きや。

ここまできたら僕も納得せんとしょうがない、何もかもが神様の筋書き通りなんや。

びっくりするようなことはこれだけやなかった。ある日、僕の借家にお年寄りが数人訪ねてきた。おぢばのゲートボール大会に毎年お連れしている人たちや。「まあどうぞ」と神殿に（神殿と言っても六畳の間。九月末にお遷りいただいたばっかり）案内すると皆丁寧に柏手を打って参拝してくれた。僕が「皆さんお揃いで何の御用でしょうか？」って尋ねたら、長老格の阪下さ

んが、

「天理のゲートボールでは毎年お世話になりっぱなしでスミマセン。ついては皆で相談して、宮田さんに弟子入りして神さんの話を聞かせてもらおうっていうことになったんで、今後ともよろしゅうお願いします」

どひゃー、アンタら何を血迷うてるねん。

「鬼の目にも涙」……か？

「教祖の年祭は新しい建物で迎えるのが望ましい」、との本部の指導で落成奉告祭は明くる年の十二月十五日でお許しを戴いている。けど、宅地転用をはじめ何やかやで手間取ってるうちに年が明けてしもうた。奉告祭まで一年ない。元日に僕は一人で現地へ行って地鎮祭を勤めた（と言うても祭文を読んでよろづよ八首を踊っただけやけど）。祭文では「親神様、お陰でここまで進んだけど、僕は何にもできへんのやからこれからもご自分でよろしくお進めください。僕は必死でついて行きますので」って内容のことを申し上げたんやった。

さて、毎月四日は伊紀分教会の例会で部内の教会長さん方が集まっておつとめをする。一月四日、その年の初例会が終わって後片づけをしていると田和先生が近づいてきて「土地を買うたんやってなぁ」って声をかけてくれた。田和先生は教会長やけど名うての大工棟梁でもあるんや。

「はぁ、土地は買うたんやけど、お金はないし、今後どうしてエエか……。雲を摑むみたいですわ。一度先生に相談しようと思うてたところです」

「そうか、ハッハッハ、ワシにいっぺんその土地を見せてくれんか」ってわけで、田和先生を現地に案内することになった。

現地を前に田和先生は「ほう、何とまあ景色のエエ所やなぁ。で、どこに土地があるんや?」って聞く。僕が足元を指して「ここから紀ノ川までです」って言うと「え、ここ? よくもこんな妙な土地を買うたもんやなぁ、こんな急斜面にどんな家を建てるつもりなんや?」ってあきれ顔。僕が「例えばこんなふうに斜面を切り取って……」と小津先生の図面を見せると「何や、図面があるんかいな、どれどれ」と取り上げるので「あ、あの、それは仮に描いてもらったもので……」って慌てて言いわけしたけど「フンフン、これをこの辺りに、入口はあの辺にするか」なんて呟《つぶや》きながらあちこち見回してる。しばらくして僕に目を移して「ま、ワシに任せとき。何とかなるやろ」って言うので、僕はびっくりして「先生が神殿を建ててくださるんですか?」って聞いた。すると先生は「はじめからそのつもりやで」ってにっこりしながら言うてくれた。飛び上がるほど嬉しかった。僕はいざとなったら自分でトタン張りのバラックでも建てる覚悟をしていたのや。

事態は僕の思いを超えて勝手に展開していく。僕はできるだけ小さくて質素な建物でエエと思ってたけど、田和先生は「神様の普請はチマチマしたらアカン。図面通りで行こうやないか」って言われる。もう進むしかない。けど、ここからが大変やった。田和先生に「当座、お金はどれくらい必要ですか?」って尋ねたら「とりあえず三百万円ほどはいるかなぁ……」って。うわぁ、また三百万円か……。再び僕は金策に走り回ることになった。

埼玉に住む叔母さんに「お金を貸してください」って電話をしたら、ひどく怒られた上に断られた。断るつもりなら怒らんでもエエやろに。ほんで、他の親戚も訪ねたけど、どれもこれも「ごめんやで」って断られた。その他思い当たる人に片っ端からお願いしたけど全部断られた。仕方なく、田和先生に「資金繰りがうまく行かへんので、工事を急がないでください」って連絡を入れたら、「もう材料は発注したで。心配せんでもエエ、ワシが何とかしとくから」って言うてくれた。えらいこっちゃ、このままやと先生に迷惑がかかってしまう……。

そんなある日、僕は青年会行事に参加するためS大教会にやってきた。折しも会計主任の江島先生が植木に水をやっているところやった。江島先生は僕を見るなり「おぉ、宮田やないか。ふしんの計画は進んでるのか？」って尋ねてくださった。僕は「ハイ、お陰様で」って返事はしたけど、さすがに百戦錬磨の先生には若造の心中など手に取るように分かるみたいで「浮かん顔してるな、ハハァ金がなくて工事にかかれんのやろ？」って図星を指された。僕は笑ってごまかしたが、数日して大教会長さんから連絡があった。「この前、江島さんに会うたら、宮田にせめて普請にかかれるだけの金を貸してやってくれんかって頼まれた。ほんで今、アンタのお父さんに相談したところや。お父さんは、よろしくお願いしますって言うたはったで」。僕は飛び上がったわ。父は僕たちがどんなに苦しい中を通っていても、優しい言葉の一つもかけてくれたことがない。むしろ御供えをむしり取るほどの人や。大教会長さんが父に借金の可否を尋ねたってことは、いざというときは伊紀分教会として責任を取るかって確認したってことで、父が「よろしく」って答えたのはそれを承知したということになる。僕は、こりゃあしっかりせんとアカンって思う反面、父の世話にだけは絶対なりとうはなかったのに……って、すごい複雑な気分やった。

けど背に腹は代えられん。とにかく大教会長さんのご好意に甘えて当座の費用を借りた（正確には、S大教会が僕に代わって銀行から借りてくださった）。ようやくホッと一息や。ほんで、次にやっかいなのは建築確認申請や。これは建築予定の建物が違法建築でないかを確認する手続きや。僕は小津先生の図面を持って土木事務所へ行き、「確認申請の手続きを教えてください」って頼んだ。後で知ったことやけど、普通この手続きは一級建築士さんとか、プロ中のプロがするものらしい。そんなことも知らずに行った僕は何を聞かれても「？・？・？・」。結局、顔を洗って出直してこいって感じで「再度検討してきてください」と図面を返された。ま、シャットアウトやな。

話は変わるけど、その年一月十三日に僕の五人目の子どもが生まれた。病院代がなかったから、知り合いの助産師さんに頼んで一度の予備検診もなしに産ませてもらったんや。長男の出産から始まって、この助産師さんには無理ばかり聞いてもらってる。で、次男のお産の後、助産師さんは定期的にわが家へ赤ちゃんを洗いにきてくださった。ある日、たまたま僕が家にいる時に助産師さんが来られた時のこと。

「宮田さん、教会を建てるんやって？　大変やね」

「はぁ、それがなかなかうまく行かなくて。確認申請ってのが大きな山ですねん」

「うちの息子は土木事務所に勤めてるけど、何かお役に立つことがないやろか?」

「エエッ、ホンマですかァっ!」

って話から助産師さんの息子さんが確認申請に立ち会ってくれることになったのや。

再度の申請には赤ちゃんを連れて妻が出かけた。その日、僕はどうしても外せない用があったのや。夕方帰宅して妻に首尾を尋ねると「簡単やったよ」ってニッコリ。妻が言うには、土木事務所へ行くと窓口で助産師さんの息子さんが待っていてくれた。ほんで息子さんが担当の人に「よろしゅう頼んどくわ」って言うと、担当の人は「ハイ、分かりました」って図面の不備な箇所を修正して、おまけに申請書まで書いてくれた。

「私がしたのは署名捺印とカウンターの陰で赤ちゃんをあやしてただけ、オッホッホ」やて。

◇　◇　◇

六月十六日、ついに棟上げの日がやってきた。昨日までうっとうしかった空は今日は快晴や。現場には暗いうちから何台もの車が機材を満載して到着している。僕は昨夜は田和先生の工場で柱の紙巻きに没頭した。巻き終えた材料をトラックに載せ終えたら明け方になっていた。棟上げを前にして体はクタクタやけど気持ちはビンビンに張りつめてる。伊紀部内の人たちが次々に応援に駆けつけてくださった。杉谷君は目をしばたかせながらシューズの紐をしめている。昨夜から徹夜で紙巻きにつき合ってくれたんや。新藤さんは電話のないわが家のために伊紀分教会からしょっちゅうカブできてくれた人。今日は本職並みの完全装備で別人みたい。思えばいっぱいの人に支えられて今日に辿り着いた。ホンマにホンマに感謝感謝感謝や。

午前八時、その場からおぢばを礼拝。皆に御神酒の茶碗を回す。「よっしゃ行こか」、田和先生のかけ声に職人さんたちが「よしっ」と応える。レッカー車がうなりを上げてアームを伸ばす。田和先生の長男、一太君は若い大工棟梁や。体はでっかいが動きは素早い、鮮やかな身のこなしと的確な指示で現場を取り仕切る。

木組みは北東の隅《すみ》から始まって西に向かって進んで行く。

僕は高い所は割と平気なので職人さんに交じって木組みの上で仕事をしていた。ボルトを穴に通して締めるのが僕の役や。少し手が空いたので辺りを見回すと少し離れた大工小屋の前で十人ほどのお年寄りが集まってこちらを見てた。阪下さんや荒本さんほか、僕に弟子入りを志願した〝血迷うた〟人たちや。今、別席運び中なんや。

――最近まで僕のことを詐欺師やと思ってた人もいるのに……――

急に目の奥がむずがゆくなって涙が出てきた。アカン、泣いてる場合やない。わざと目をそらした先に麦わら帽子の背中があった。ありゃ、いつの間にか父がきてる。大工小屋と現場の間でうずくまってるのはまぎれもない父や。どうやら古釘を見つけて拾っているみたいや。

父は物を大切にする人や。自分には徹底的に厳しくて決して贅沢はしない。五十CCのカブを足代わりに、遠くは奈良県の十津川までおたすけに駆け回ってる。一日平均のおさづけ取り次ぎ回数が四十回を超える月もある（つまり一カ月千二

百回以上ってこと）。まさに尊敬すべき父親なんや。分かってるんやけど、僕にはどうしても近寄りがたい存在なんや。偉すぎる親を持った子どもはある意味不幸やな。ほら、釘を拾った父はもうすぐ僕に言うはずや「おい、菜の葉一枚粗末にするなってお言葉を忘れたんか」――

　ところが……、どうも様子がおかしい。うずくまったままじっとしてる。しばらくして腰から下げたタオルを取って顔に押し当てた。吐き気？　具合でも悪いんやろか……。その姿勢はずいぶん長くつづいたが、ようやく立ち上がってこちらに顔を向けた。すると父に近づいて話しかけた人がいる。レッカーの音でよく分からへんけど「本日はおめでとうございます」って言うたようや。「おおきに……」、頭を下げた父の目から滴《しずく》がひとつ。

――ウソやろ？――

あまりのことに息が止まった。父が泣いている。それも僕の棟上げで……。

僕のおさづけ取り次ぎ第一号は父やった。天理高校時代にはとうとう初席も運ばなかった僕がおさづけを拝戴《はいたい》したのは大学一年生の十二月。明くる年の五月十七日、折しも自分の誕生日に父は胃潰瘍の手術をした。麻酔で意識がなく、苦しそうに顔を歪《ゆが》める父に初めておさづけを取り次いだときには泣けて泣けて、何でこんなに泣けるんやろって自分でも不思議やった。

誰に対しても笑顔を絶やさない父やが僕にだけは厳しかった。父に命じられた伊紀分教会の神殿講話の後、「今日のようなくだらん高慢な話はかつて聞いたことがない」と満座の中で罵倒された。麻生津に移ってから食うや食わずの中でさえ「オマエも教会長なら教会長らしく一人前の働きをしろ」とおつくしについて仕込まれたこともある。

一瞬、いろんなことが頭に浮かんで危うく木組みから落ちそうになった。気を取り直して父を見ると何事もなかったように談笑している。あれ？　気のせいやったかも……。

抜けるような青空、眼下には紀ノ川、新しい木の匂い、響く槌音《つちおと》。もうすぐ麻生津分教会新築工事の棟が上がる。

僕の父のこと

父の手帳を見ると細かい字で、その日おさづけを取り次いだ相手と年令が日付ごとに書かれてある。五十人を超える日もいっぱいあってほとんどのページが真っ黒。一ト月の終わりのページには、その月の一日の平均回数が書いてある。最近はほぼ毎日四十回超えや。

父がおさづけ行脚《あんぎゃ》を始めたのは五十一歳を迎える年の元旦やった。早朝にスーパーカブにまたがって出かける姿を見て「こんな日からどこへ行くのやろ？」と訝《いぶか》ったのを覚えてる。

おさづけ行脚のきっかけは祖父（僕の母の父。父から言うと義父に当たる人）の食道ガンやった。父は部内教会長でもある祖父に、ご守護をいただく理作りとして「一万回のおさづけ取り次ぎ」を命じ、自らをも同じ道に駆り立てていったんや。（一万回って簡単に言うけど、一万回のおさづけを取り次ごうとしたら、一日に三回で九年と四十九日かかる、途方もない数なんやで）

ちょっと父と祖父との関係を説明するわな。ややこしいからゆっくり聞いてナ。

祖父は僕の両親が結婚する以前は普通の会社員で、夫婦で兵庫県の尼崎市に住んでいた。ある時、病気がちな祖母ににおいがかかって祖母は修養科へ進んだ。

僕の母は修養科にいる祖母を訪ねてＳ大教会の詰所へたびたび来たことから、縁が繋がって伊紀分教会の後継者である父の元へ嫁ぐことになる。祖父はそれまでまったく天理教の門外漢やったけど、娘に引かれて信仰するようになり、息子（母の弟、これからは叔父さんと呼びます）も天理大学に進学する。大学を出た叔父さんは天理教教会本部に勤務したが、折しも悪性の脳腫瘍を患《わずら》った。父は祖父に、叔父さんを救けるために、仕事を辞めて道一条になるよう説得した。（承知するまでここを動かないと言って祖父の家の前の道路で何日も野宿したらしい）。祖父は父の熱意に根負けして全財産を御供えして伊紀分教会に入り込んだ。しかし、父や祖父の願いも空しく、叔父さんはわずか二十五歳で帰らぬ人となる。その時の祖父の悲しがりようは尋常ではなかった。襖を蹴《け》破り涙を流しながら荒れ狂った。父はそれをただ見ているしかなかった。父の胸も張り裂けんばかりやったにちがいない。

以後、祖父は伊紀分教会長夫人である娘の幸せを願って伊紀分教会の青年として誰よりも心低く勤めた。会社では重役やった祖父やけど、伊紀分教会では自分より一回り以上も若い人の方が先輩顔なんや。入信当時の本席様さながらやナ。

しかもやがて祖母にも先立たれてしまう。

祖父の食道ガンが発覚したのはそれから約十年後やった。再婚し、伊紀部内の教会長として布教活動も軌道に乗りはじめ、まさに心機一転これから第二の人生を、という時のガン宣告やった。父としては叔父さんや祖母のこともあり、何としても祖父に救かってもらいたいと心に期したにちがいない。

祖父は父の言葉にしたがって一万回のおさづけ取り次ぎに取り組んだ。車や単車などの移動手段を持たない祖父にとって、一万回は到達不能に近い数字やったが、再婚した妻と共に日々おたすけに歩いた。けど、誰の目から見ても病状が進んでいるのは明らかやった。ボロ雑巾のような姿で祖父母が伊紀分教会の拝殿で頭《こうべ》を垂れていたのを思い出す。間もなく祖父は食べ物が喉を通らなくなり、胃漏《いろう》手術をしたが、そんな中でもおたすけは休まなかった。父は祖父の胃漏手術に心からは賛成していなかった。「死ぬ覚悟で神様にもたれる心がなくては不思議な御守護はあらわれない」と思っていたからや。そして発病から約五年後、おさづけ取り次ぎ一万回を目前に祖父は出直した。出直す数日前、祖父は父の目の前で自らの手で胃漏チューブを抜いた。

さて、祖父は出直したが父のおさづけ取り次ぎは終わらなかった。それどころか逆に拍車がかかった。当初は月に三十回がやっとやったペースは日に月に増え、目指す一万回は約四年で達成した。その間、祖父に引きつづいて僕の母もわずか五十歳で突然出直した。父は母のお葬式の日もいつもと変わらずスーパーカブにまたがって病院へおさづけ取り次ぎに出かけたものや。

前にも書いたけど、母が出直してからは父と僕ら家族とは何となく近しくなった。もちろん僕は父に話す時はいつも敬語やったけど、父も寂しかったのか何かと僕らを頼りにし、孫たちも「お祖父ちゃん、お祖父ちゃん」と慕い寄ったので和気藹々《わきあいあい》とした雰囲気が生まれたものやった。けれども新しい妻を迎えて父は元通りの厳格な父に戻った。これは何も悪口を言うているのとはちがうで。父はどんな時でも自分を尊敬し、支えてくれる存在ができたことで心からの安らぎを得たのやと思う。「自分は間違っていない、信じた道を行く」という思いがいっそう確固となったんや。

父のおさづけ取り次ぎ目標は一万回の次は三万回になった。このころ父は脳梗塞を患い、右半身が不随になった。しかし恐るべき気力で病気を克服し、これまた数年で達成して次の目標は五万回になったが、またまた達成したので、現在は十万回という数字を目指して飛び歩いている。

こんなにも数多くおさづけを取り次ぐ父やけど、ガンが消えたとか歩けなかった人が歩けたとか、目を見張るようなご守護の話は一度も聞いたことがない。それどころか父がおさづけを取り次いで出直した人もいっぱいいる。義父もそうなら、挙げ句は自分の妻まで出直した。せやから周囲には「伊紀の会長さんのおさづけは出直しおさづけや。祈り殺しに行ってはるんや」などと陰口を言う人もいる。

けど、こんなことも起きてきたんや。

伊紀分教会直属の信者さんに菰田《こもだ》さんという家がある。地域では屈指の旧家で信望も厚い。菰田さんのご主人は公立高校の英語の教師として毎日職場へ通っていたのやけど、僕の父が毎日おさづけに走り回っている姿を見て「会長さんの真似をする」と決心して、夫婦でおさづけに回り始めたんや。職場の行き帰りに知り合いや教えてもらった家を回るので帰宅はいつも午後九時を過ぎる。奥さんは奥さんで近所の病人を訪ねておさづけを取り次ぐ毎日が始まった。菰田さん夫婦には子どもが三人いる。三人とも学業優秀で親孝行な子たちやねん。その子どもたちも成人するに従って道を求めるようになった。次男は学校の帰りに毎日伊紀分教会に足を運んでおつとめをしてから何かしらのひのきしんをする。そんな時、スーパーカブにまたがっておさづけに走り回る父の姿を間近に見て憧れを抱き、道一条を志して大学を出てからは布教の家に入った。その後、会長が老齢で後継者のいない教会に移り住んで結婚し、やがて菰田家では一番始めに教会長になった。

長男は東京の大学に進んだが、お道への思いが膨らんで学業を中退して修養科へ。教会本部へ勤めた後に結婚。次男につづいて老婦人が教会長を勤めている教会に家族全員で移り住んで、後を継いで教会長になった（この教会は、僕の祖父が教会長やった教会や。老婦人は祖父の後妻）。

三番目は女の子で、おぢばの学校を出てから町役場に勤めていたが、強く求められて教会に嫁入りし、今は教会長夫人として活躍中や。

菰田さん自身も今は教会長や。菰田さんは職場を定年後もあちこちの進学校で合格請負人の嘱託教師として引く手あまたやったけど、伊紀の部内教会で教会長が出直して継ぐ人がいない事態になったとき、快く会長になることを引き受けてくれた。それればかりか土地を御供えしてくれたので借地借家やった教会が立派に移転建築までさせてもらった。つまり菰田さんの家族は、現在は親も子も全員が教会長か教会長夫人なんや。孫は十五人。社会人から小学生までどの子もこの子もお道が大好きな子ばっかり。そればかりやない。僕の父から発火して菰田家に燃え移ったおさづけ取り次ぎの火は今なおあちこちに拡がりつつあるんや。

◇　◇　◇

こんなことばかり書くと、父は根っからの天理教人間と思われるかも知れんけど、若いころには天理教に反発した時代もあったんやで。ほんで反発の仕方もハンパやないねん。

父は子どものころからすることなすこと、他の子どもとは変わってたらしい。教えもしないのに字を覚え、学齢にもならないのに小学校へ行きたいとせがみ、学校へ入ると卒業するまで首席を通した。特待生だったので一円の学費もいらなかったのだとか。でも幼いころから何かにつけ自分で真偽《しんぎ》を確かめねば承知できないところがあって、それは当時のお道にも向けられていたみたい。

天理中学から当時の広島高等学校（現在の広島大学）に入学したものの、お道に対する不信は深まるばかりで、ある時とうとう二代真柱様に直接手紙を出したんや。内容はこうや。

「天理教では大の大人が真っ昼間から働きもせずに手足を振って踊って、それで世の中が良くなるとか人が救かるとか、わけの分からないことを金科玉条のように唱えている。自分から見ると天理教はどう考えても非生産的で民衆を惑わす悪しき宗教である。天理教に育ててもらった立場の自分としては心苦しいが、これからは潰す側に回る。今から学業を捨てて炭鉱に行き、社会運動しながら地盤を固めて、やがては代議士となって天理教を撲滅するから承知しておいてもらいたい、云々」

以後、本当に父は当時の三池炭鉱で労務者になり、社会運動に没頭するようになる。そのうちにはかなりの人に信奉されるようになったらしい。しかし数年後、父は炭鉱を出ておぢばに帰ってきた。当時の心境を聞いたことがある。

――毎日毎日、地下数千メートルの暗闇の中で、ふとおぢばが恋しくて仕方がなくなった。それと、幸せを夢見て働いている人が不意の落盤事故で自分の目の前で命を落としていく。一方で不思議に救かる人もいる。何が人の運命を分けるのか疑問に思えた。もしかしたら天理教ならその正体が摑めるかもと思った――

父が再び二代真柱様にお目にかかったのは、天理語学専門学校が新制天理大学として開校した折のこと。父は宗教学科に入学したが、ほとんどが十代の学生に混じって二十五歳にもなる父は自ずと真柱様の目に留まった。

「オマエは地下に潜《もぐ》っているると聞いていたが、いつ地上に上がったのか？　本気でお道を学びたい？　それならワシの家から学校に通え」とのお言葉で、以後は書生のように真柱宅に置いていただき、時には直接真柱様に疑問をぶつけ、回答いただくこともあったとか。その上、真柱様は父の結婚式にははるばる和歌山の教会までお越しくださったんや。

　こんな父やから自分がこうと思えば決してぶれない。平素は無口やのに、ちがうと思えば相手が誰あろうはっきり指摘する。他人の悪口を言うことは決してない。贅沢を求めず愛車はあくまで五十ＣＣのスーパーカブ。

「〝この世の元始まりの根を掘らそ　力あるなら掘り切りてみよ〟とおふでさきにあるやろ？　おさづけの回数を言うのは邪道で大切なのは真実の深さやという人もいるけど、ワシはおさづけ取り次ぎという方法で元始まりの根を掘っているのや。十万回のおさづけ取り次ぎを達成したら今まで見えなかったものが見えるかも知れん。それが楽しみなんや」

父はよく「くにさづちの命《みこと》」様の話をする。お道の人は「かめの心」が大切という話や。

――「かめ」はねばり強く、あきらめず、低い心で、自ら泥をかぶり、お陽さまに自らの姿を晒《さら》し（あるがままを見てもらう）、生涯をかけて成長する――

父の心の指針であり、目指す姿なんや。

まさに父はお道のラストサムライや。そしてその背中は僕の前にそびえ立つ巨大な壁なんや。

（後日、父はまさに亀のようなねばり強さで、おさづけ取り次ぎ十万回を達成した。しかしその後も止まることなく、生涯のおさづけ取り次ぎ回数は十一万回に

も達した）

息子よ、エライぞ！

慌ただしく月日が過ぎていく。もう奉告祭まで幾日もあらへんのに工事は止まってる。資金が追いつかへんのや。ここまでは当初に借りたお金と信者さんの御供え、それに田和先生が手持ちの材料でやりくりしてくださったので何とかやって来れたけど、ついに行き詰まった。ここ一カ月間何も進んでない。それどころかサッシ屋さんが「一週間以内にサッシ代金約百万円を納めてくれ」って言うてきた。言うまでもないけど、僕がそんなお金を持ってるはずがない。普請が始まってから暮らしはますます苦しくなってる。口が裂けても大教会にはこれ以上の借金はお願いできへんし、親戚にも頼まれへん。僕は策に窮《きゅう》して伊紀の父に相談をかけた。

「……というわけで一週間以内にサッシ代を納めんとアカンのです。これ以上大教会に無理はお願いできへんし、他に貸してくれる人もないし……。何とかならへんかと思ってお願いにきました。伊紀分教会の信用で銀行から借りてもらえへんでしょうか？」

新聞を読みながら話を聞いていた父はおもむろに僕に目を移した。老眼鏡の奥がキラッと光る。

「オマエは何をとぼけたことを言うてるんや？　ウチの教会は銀行と取り引きなんかしてへんぞ。そんなことよりオレがお金の借り方を教えたろか？　どうや？」

「え、お金の借り方？　そんなんあるんですか？」

「あるある、けどオレが教えてやったら必ず実行するか？」

父はにんまりと頬を緩めた。

「ハイ、そんなものがあるんやったら」

「それやったら教えたろ。オマエは麻生津の村は一通りにおいがけに回ったか?」

「はい、何度も」

「そうか、ほなら相手もオマエが天理教ってこと知ってるな。話が早いわ。エエか? 今からもういっぺん、においがけのつもりで村中の家を回れ。そしてナ、家へ入るなりこう言うんや。〝こんにちは、天理教の宮田ですけどお金を貸してくれませんか〟って。いきなり言わんとアカンぞ。しょうむない(つまらない)話をしてたら言われへんようになるから」

「ま、そう言うてもたいがいの人は相手にしてくれへんわ。〝アホちゃうか〟って言われるだけや。けど、中には〝いくらいりますねん?〟とか〝何に使いますねん?〟とか尋ねてくれる人もおる。そしたら〝天理教では世界中の人を救けるために『おつとめ』を勧めます。その『おつとめ』をする教会を建てるのにお金がいるんです〟って答えたらエエんや。大したにおいがけになるぞ。まぁやってみ、何とかなるかも知れん。ファッファッファァ」

僕は心の中で――何を寝ぼけたことを言うてるねん。〝アホちゃうか〟は僕がアンタに言いたいわ――って思った。ほんで父に相談したことを心の底から後悔した。本当は父にだけは相談したくなかったんやけど、僕がここまで行き詰まったら、いくら鬼のような父でも少しは相談に乗ってくれるやろって思った自分がアホやった。

暗く悲しい気分で僕は「ありがとうございました。失礼します」と立ち上がった。父は僕には一瞥《いちべつ》もくれず、何事もなかったように新聞に目を戻した。

◇　◇　◇

「なぁ信子、オマエはどうしたらエエと思う？」

薄暗い灯りの下で僕は妻に意見を聞いた。

「私に尋ねる前に、貴方自身はどう思うの？」

「僕はやっぱり行かんとアカンのかなぁって思い始めてるんや。会長さんに言われた時は〝何をふざけたこと言うてるんや、無責任な〟って腹が立ったけど、今は〝残された道はそれしかないのかな……〟って」

「私もそう思う。わざわざ親に尋ねておいて、教えてもらった答えを無視したら絶対アカンと思う」

「けど、そんなことしたら笑い者もええとこや。この村におられんようになるで」

「……」

「子どもたちもかわいそうや、学校で何を言われるか」

「その通りやけど、ほかに何か方法があるの？」

「ないけど……」

「だったら行こうよ、きっと神様が何とかしてくださるよ。今までだってそうやったもの。私も行くから」

「…………」

「その気になった？」

しばらく考えて、僕は顔を上げた。

「よっしゃ、決めた。行こ。今から行こ」

「え、今から行くの？　エラく気が早いね」

「間を置いたら行かれんようになる。で、どうする？　遠くから回るか、近所からか」

「もう八時も過ぎてるし、近所にしよ」

「ほなら、藤田さんの家から行くぞ」

藤田さんの家は僕の家から二十メートルほど坂を下った所や。麻生津村屈指の旧家で、たたずまいも風格がある。わが家の戸を開けて藤田宅を見ると電柱の蛍光灯がぼんやりと家の表戸を照らし、中からの灯りは格子の影を浮き立たせていた。

　坂を降りながら思った。

――これに比べたら土地ブローカーの家に行くくらい屁でもなかったワ――。意を決して家を出たものの、下り坂に助けられなかったら藤田さんの家はもっと遠かったと思う。

　格子戸《こうしど》を右に引き、「こんばんは藤田さん」って声をかけた。すぐそこでご主人がこちらを見てる。

「あれ、宮田さん。夫婦揃って何の御用？」

「ハイ、あのう……」

「え？」

「あの、じつは……」

「はい？　何か」

〝お金貸してください〟がどうしても出て来ない。僕はいったん斜め下に視線を落とし呼吸を整えた。顔を上げ、思い切って次を言おうとした時、先に藤田さんが「お金ですか？」って言うた。僕はとっさに藤田さんの言葉が理解できず固まってた。

「お金がいるんですか？」

再び藤田さんが尋ねた。

「ハイ、じつはそうなんですが……、何で？……」

「いや、何となく。で、いくらくらいいるのかな？」

「ひ、百万円です」

「百万円ね。いつ返してくれますか？」

「来年の今日までに」

「分かりました。じゃあ明日の今ごろ取りにきてください。それまでに都合しとくから。あ、利息は銀行並みね」

信じられへん、ウソやろ？　狐につままれた気分ってこんな感じやろか。あり得へんことが起こってる。妻は放心状態、瞬《まばた》きもしない。そのうち目からツーと一雫《しずく》。

わが家に帰って親神様・教祖・祖霊様に心から御礼を申し上げた。それから妻と抱き合って涙また涙……。ありえへん、ホンマにありえへん……。妻は声をあげて泣いた。

次の夜、妻と二人で借用証を手に再び藤田さん宅を訪れた。「こんばんは」と障子を開けると銀行の袋を持った藤田さんが立っていた。〝昨夜のことはなかったことに〟なんてことになったらどうしょうってビビってたのですごく嬉しかった。

「ホントは昨夜の今ごろ、今日から上場される株を百万円分買おうと思ってたんですわ。けど株よりは宮田さんの方が絶対安心や。ハッハッハ」

袋を渡しながら藤田さんが言う。僕は昨夜からずっと考えてた疑問を藤田さんにぶつけた。

「僕らがここへ越してきてまだ二年にもなりません。他所者《よそもの》同然の僕になぜ大切なお金を貸してくださるんですか?」

「いやね、私は直接貴方を信用したわけやない。じつは……」と藤田さんが話してくれたのは――。

僕らが今の家に引っ越したのは去年の三月末や。当時家族は僕と妻と小学生の長女と次女、そして未就学の三女と長男で、合わせて六人やった。僕はよく三女と長男を連れてにおいがけに歩いた。けど遠くまで行く時や宿泊する時など、どうしても子どもを連れて行けない。そんな時、三女は家で本を読んだり何か工作したりして時間を過ごす。一方、出て歩くのが大好きな長男は一人であちこちを冒険して歩く。おかげで近所ではちょっとした人気者やった。とにかく好奇心いっぱいで一度家を出たら帰って来ないので、妻は長男に『僕の名前は宮田大吾です。五時を過ぎたら家に帰るよう僕に言ってください』って書いた札を首から下げさせ、それが近所の人たちに面白がられて、行くところ行くところで可愛がってもらった。特に藤田さんの家にはカンナちゃんって名前の犬がいたのでしばしばお邪魔したそうや。

藤田さんは近所に引っ越してきた僕らに関心を持っていた。麻生津は働く場所がないから出て行く人はいるけど、入ってくる人はめったにない。そんな片田舎にきた妙な家族は幼い子どもが四人に奥さんは妊娠中。何をして生計を立てているのやろって不思議に思ってた。そこで、たびたび遊びにくる長男にいろんなことを尋ねた。

「大ちゃん、お父さんのお仕事は何?」

「僕、知らん」

「毎日何してるん?」

「こんにちは天理教です、って回ってる」

「ほかには?」

「病気の人におさづけしてる」

「おさづけって何?」

「病気がたすかるようにお願いするねん」

「どんなことするん?」

「僕、できる。こんなにするねんで」、ってなことで藤田さんは長男におさづけをしてもらったとか。他にも自分たちが食事をしているところに長男が入ってきたので「大ちゃん、一緒に食べるかい？」って一緒に食事をして、食べ終わったあと長男は藤田さんの食器を見て——「おっちゃんもおばちゃんもご飯粒残したらあかんねんで。食べる物は神様が心を込めて人間にくれてるねんで」って言うたとか。

「ホンマに教えられることがいっぱいですワ。一番感心するのは大ちゃんはウチの家にきたら、まず下足を揃えるんですよ。そんなお子さんを育てておられるご両親やからきっと信用できると……。ま、間接信用ですわ」

藤田さんは僕らが神殿建築で苦心しているのが分かっていて〝何かあったらたすけてやろう〟と思っていてくださったと。折しも僕らが「こんばんは、あのう……」と訪ねたのでピンときたって言われた。

やっぱり神様は先回りしてくれた。ほんでもって今回のヒーローはわれらが長男や。でかしたぞ大吾！

（それにしても父にはこの結果が見えていたのやろか？　不思議や……）

ホンマ、神様はスゴいわ！

　今、僕は紀ノ川を見下ろす土手に立っている。耳まで凍りそうな寒さやけど、冴《さ》え渡った朝の空気が今日の好天を報《しら》せてくれる。ほんで、僕の横には新築の神殿が芳《かんば》しい木の香を漂わせながらそびえている。

　振り返ればホンマに波乱万丈の神殿普請やった。たった一人の地鎮祭から始まって、田和先生と新藤さんと三人でやった基礎工事。資金難で工事が止まったことも幾たびか（秘密やけど、建物の壁という壁には魚屋さんにいただいた発泡スチロールが一面に埋まってる。工事が止まってる間に妻と二人で貼り付けたんや。断熱効果抜群、しかもタダ）。最後は駆け込み状態で昨日まで左官屋さんが壁を塗っていたんやで。

　ホンマに昨日は忙しかったワ。お昼は旧教会での最後の月次祭。ほんで夜はこの建物に親神様・教祖・祖霊様にお鎮まりいただく鎮座祭。借地借家でない教会にお鎮まりいただいたのは教会設立以来初めてや。その瞬間からここが新しい麻生津分教会になった。僕は教会長やから神様のお供をして、昨夜初めてこの建物に泊まったんや。

明けて今日は十二月十五日、とうとう神殿落成奉告祭の日がやってきた。朝暗いうちからお社《やしろ》掃除、神饌の準備、祭典の準備と目が回るほどや。それにしても不安なのは今日の奉告祭がうまく行くかどうか……。

かれこれ二カ月も前から僕は阪下さんはじめ別席運び中の人たちに頼んで祭儀式とおつとめの練習を重ねてきた。ところが、言うたら悪いけどお年寄りばかりやから何回練習しても、次にする時には一からやり直しやねん。祭儀式の役割は僕が祭主で指図方が阪下さん。扈《こ》者《しゃ》は伊紀部内の会長さんたちにお願いして、賛《さん》者《じゃ》は本間さんと辻さん。

肝心のおつとめやけど、僕は麻生津分教会生え抜きメンバーのおつとめはよろづよ八首までと割り切ってた。若者ならともかく、平均年齢八十歳に十二下りが覚えられるわけがない。とにかく座りづとめとよろづよを一生懸命に練習して、それ以降は援軍にもご助力いただくことにしたんや。

おつとめの役割は、座りづとめのておどりが伊紀分教会長の父と僕と阪下さん。女性は母と妻と北谷さん。地方《じかた》が荒本さんと辻さん。鳴り物に本間さん、苅田さん、竹山さん、松上さん、西川さん、湯谷さん夫婦、それとわが子どもたち。よろづよは伊紀の父と母が抜けたところに西川さんと湯谷の奥さんが上がって、足らずは野賀支部の人に手伝ってもらう。

祭儀式とおつとめの練習は借家教会で何回かやって、最後の練習だけ伊紀の部内教会の上段をお借りしたのやけど、皆は初めての上段に戸惑って、せっかく今まで練習したことがすっかり飛んでしもた。その時のずっこけた様子って言うたらもう……、言葉にするのが難しすぎるので僕の心の声をお伝えして説明に代えます。

――えっ……うゎ何じゃこりゃ……あちゃー……トホホ……――

◇　◇　◇

午前十時のおつとめ開始を前にして拝殿は人でいっぱい、履き物を数えたら百足近くあった。伊紀分教会の関係や野賀支部の人もいるけど圧倒的に多いのが麻生津のお年寄りや。信者さんたちが「十二月十五日は天理教の新築お披露目祭がある」って仲間に触れ回ったらしい。この村にこんなにお年寄りがいたのかってビックリしたわ。

九時三十分、大教会長さんが到着された。信者さんたちは直立不動、カチコチになってお迎えする。何せ天理教で一番エラい人がくると思っているもの。そしていよいよ客間でご挨拶。全員おつとめ衣に身を包んでかしこまる。

大教会長さんが「本日は大変おめでとうございます。勇んでおつとめにかかってください」とにこやかに声をかけてくれた。折しも神殿から雅楽の音。伊紀の仲間の友情出演や。初めて耳にする雅楽の生演奏。阪下さんはじめ、おつとめ奉仕者はまたしてもカチコチ。

上級、伊紀分教会長が上段に登って親神様・教祖・祖霊様に拝礼。入れ替わって僕が登段し着座。つづいて扈者《こしゃ》が着座。次は指図方、阪下さんの番や。いよいよここからが関門や。阪下さんは手はずどおり下段中央から上段に登って所定の場所に座った。おぉ、第一関門通過や。つづけて第二関門、賛者《さんじゃ》登場。本間さんと辻さんは下段の左端から出て中央で礼。やはり珍プレーが始まった。二人は登らなくてもいい上段に登って平伏。おもむろに立ち上がったが次にどうしていいか分からない。立ちつくす二人。妻が下から「降りて降りて」と手招きしてようやく下段に降りたが、これですっかり皆のペースが狂った（というか、いつもの調子に戻った）。

扈者が祭文を取り出しスタンバイ。順当ならここで指図方が円座を降りて祭主に礼をする。しかし阪下さんは動

かない。僕は阪下さんに向かって必死に目で合図した。それを見た阪下さんは小首を傾《かし》げながら円座から降りた。僕は——分かってくれた——って思ったんやけど、阪下さん、そのまま僕の近くまで這ってきて「次、どないするねん?」、あちゃー……。

祭文奏上が終わり、次は大教会長様の参拝や。ここで阪下さん、また僕の所まで這ってきて、「大教会長さんに何て言うてお願いするんやったかな?」

おつとめがまたスゴかった。座りづとめは練習の甲斐あって上できやったけど(あくまで自己評価)、よろづよはずっこけっぱなしや。阪下さんはお年寄りの仲間に「ワシ、天理教のお披露目で踊るんや」って吹聴してたらしく、僕らが柏手を打って立ち上がった瞬間、参拝場から「いよっ、待ってました」。すると地方《じかた》の荒本さんがいきなり「よーろーづーよの」って歌い出したので皆が慌てて追いかけたが、のっけからバラバラや。ほんで「いーちーれーつ」って回ると参拝場からヤンヤの拍手、阪下さんは参拝場に向かって得意げに手を振りながら回ってる。「みーはーらーせーど」になって皆が正面を向いて下がってるのに、北谷のお婆さんはまだ横向きのままや。蟹歩きで下がってる。

時の流れはありがたい。どんなことでも時間さえ経てば終わる。しっちゃかめっちゃかのよろづよも終わり、その後の十二下りも何とか無事に終わった。大教会長さんが「ふしんは終わったけど、もうすぐ教祖の年祭だからしっかりおつくしするように」とお言葉をくださった。僕は、――今日くらい勘弁してよ――って思ったけど、よく考えればあの日の大教会長さんの厳しいひと言からこのふしんが始まって今日の喜びがあるんや。

次に僕が挨拶に立った。

「二十七歳で麻生津分教会の会長になって六年、振り返ればホントにいろんな日がありました。ある時は詐欺師のように言われたり、つらくて辞めたいと思った日もありましたが、まさかこんな嬉しい日がくるとは思いませんでした。本当に夢のようです。振り返ればこのふしんは親神様が自分で勝手になさいました。手続きや建築工事は僕たちがさせてもらったけど、何から何まで親神様の筋書きどおりだったと今更ながら実感しています。そしてまた、田和先生が自分のことのように尽力してくださったことを、僕は生涯忘れることはありません。それから、僕のような未熟な若造の言うことを聞いて、今日のおつとめに出てくださった皆さん、この日のために何度も練習し、真剣に勤めてくださって本当にありがとうございました。最後に、今日ご参拝くださった皆さん方にとって、この教会が安らぎの場所になるよう努力しますので、これからもたびたび足を運んでくださいますようお願い申し上げます」

こんな意味のことを言いたかったのやけど、感極まって涙は出るし鼻水は伝うし、しどろもどろもエエとこやった。とにかく僕が鼻をすすりながら挨拶を終えた時、真ん前に座ってた阪下さんが「あのう」と手を挙げて立ち上がった。ほんでびっくりしている僕を尻目に「皆さんにひと言申し上げます」って勝手に挨拶し始めた。

「私は八十二歳の老人でありますが、正直言いまして、つい先ごろまで天理教のことを良く思ってはおりませんでした。むしろ社会の害になる宗教と思っておりました。ところが何年か前に、ここにいる若い先生の世話になって天理教のゲートボール大会に連れて行ってもらってから考えが変わりました。今は天理教はすばらしい教えだと思っています。それというのもこの先生が、本気になって我々のような年寄りの世話をしてくれたからです。現在私は先生に弟子入りして天理教の話を聞かせてもらってます。老い先短い命ですが、これからも死ぬまで先生に従って精進を重ねたいと思います。終わります」

僕は脳天が痺《しび》れるほど感動したわ。神様が阪下さんの姿と声を使って誉《ほ》めてくださったように思えたんや。ホンマ、僕の人生最高の瞬間やった。

かくして神殿落成奉告祭はてんやわんやのうちに終わった。

◇　　◇　　◇

最後に麻生津分教会のその後について話しておこうかな。

奉告祭の明くる年、〝血迷った人たち〟は一度に十名余りがおさづけの理を戴いてようぼくになり、毎月の月次祭も老人パワーとわが家の子どもたちで賑やかに勤められるようになった。けど、いかんせんお年寄りばっかりやから、いつしか一人減りまた一人減りして数年の間にほとんどの人が教会へ来られなくなった。元村長の阪下さんも老人会長の荒本さんもほぼ同じ時期に親神様の懐に帰って行った。湯谷さんと中嶋さんは八十三歳コンビで修養科に入ったが、修了後間もなく、湯谷さんは施設に入り、中嶋さんは病気で出直した。百歳近くまで長命した北谷のお婆さんも、最後は僕の手を握りながら旅立って行った。他のお年寄りも今生きている人はほとんどいない。せやから麻生津分教会の月次祭もホントに人が少なくなった。けど僕は寂しいとは思ってへん。また生まれ変わってくるのやもん。もう何年か経ったら僕の周りにどこかで会ったような男の子女の子がいっぱい寄ってくるのや。ほんでその子たちは皆お道が大好きなんや。やたら挨拶したがる子どもはきっと阪下さんや。荒本さんは生まれ変わっても穏やかでニコニコしてるんやろか。ホンマに早よ皆に会いたいなぁ……。

あ、そうそう借金のことも話しとこ。

ふしんが完成した時、僕が抱えている借金の残高は軽く一千万円を超え、僕は四六時中返済のことで頭がいっぱいやった。そんな僕に難題が降りかかったのはふしん後数年のこと。身上の父に替わって伊紀分教会の会長になるように言われたのや。僕は悩んだ。借金や信者さんの丹精など宿題が山積みやし、何より命がけで建てた教会を離れたくなかったもの。けど、ここで我を通したら最大の親不孝やと思い直して覚悟を決めた。ほんで妻に後を託して単身伊紀分教会に移り住んだ。大家族で賑やかに暮らしてた僕にとって、一人で暮らす毎日は死ぬほど寂しかったわ。

ある日のこと、妻から「何や知らんけど、国の人がきてはるで」って電話が入ったので、麻生津分教会に行ってみると、国土交通省の人が「道路整備のため土地を譲ってください」ってことやった。昔、この土地を買うきっかけになった、県道に沿った部分が必要やとか。「何にも使ってない土地ですから、お役に立つなら無償でどうぞ」って言うたんやけど「いえ、買わせてもらいます」ってことで、後日見積もりを持ってきてくれた。金額を見て腰を抜かしたわ。ほぼ借金の額なんや。そんなわけで長年苦しみまくった借金もたった一日で片づいてしもうた。おまけに境内入口の整備までしてくれて立派な参道ができた。これまたウソのようなホントの話。

さて、これでいよいよお終《しま》いや。長い間話を聞いてくれてありがとうございました。

最後に一つお詫びがあるねん。僕が今まで話したことは全部本当にあった話やけど、実在者に配慮して教会名や人名は仮名にしました。実は僕もペンネームやねん。ほんじゃまたね。

あとがき

私は最近、亡き父・岩井正美《まさみ》に似てきたとよく言われます。白髪も増え、確かに外見は似てきたようですが、人間の中身、ことに信仰の深さ、信念の強さとなると未だに百分の一にも及んでいないと胴身に染みて感じます。

出版のために「おたすけ奮戦記」を何度も読み返しましたが、懐かしい思い出と共に蘇ってくるのは、折々の父の姿です。

文中にもありますが、父はまさにお道の「ラストサムライ」でした。神様を信じ切り、自分には徹底的に厳しく、家族といえども理の世界には一切の私情を挟みませんでした。ですから、当時の私には理不尽に思えたり、無理難題に感じられたことも、父からすれば、神様のお働きを戴ける直近の道であると確信していたにちがいありません。今更ながら感服しています。生涯届くことはないと思いますが、これからも父に近づけるよう努力をつづける所存です。

また、文中S大教会と表記した、当時の櫻井大教会長様には、情の上からは難しいところを、終始一貫、理の道を明示していただき、お陰でいささかでも前進できたと、心から感謝しております。

本当にありがとうございました。

道の次代を担う人材の育成が求められる中、本書を読んでくださった方が少しでも元気を出してくださることがあればこれ以上の幸せはありません。

最後まで読んでいただいてありがとうございました。

立教一八一年四月

岩井喜市郎

岩井喜市郎　いわい・きいちろう

昭和27年1月生まれ
昭和49年天理大学卒業
昭和54年天理教都見津分教会長就任
平成6年天理教伊都分教会長就任
平成11年1月より、天理教機関誌『天理時報』に
『お爺ちゃん漫遊記』を一年間にわたり連載
平成15年9月より16年4月まで月刊誌『陽気』に
『お道用語のある風景』を連載
平成22年3月より月刊誌『陽気』に本書掲載の
『実録おたすけ奮戦記』を連載
平成26年1月より天理教青年会発行『大望』に
『今こそ輝くひながたの道』を一年間にわたり連載
その他、教内誌に多数寄稿
平成28年天理教伊都分教会長辞任
平成29年天理教士別分教会長就任
天理教櫻井大教会役員　和歌山教区主事　元和歌山刑務所教誨師　元保護司

へなちょこ教会長のおたすけ奮戦記　青春編

平成30(2018)年4月18日　初版第1刷発行

著　者　岩井喜市郎
発行所　図書出版 養徳社
〒632－0016 奈良県天理市川原城町388
電話 0743-62-4503　FAX 0743-63-8077
振替 00990－3－17694
http://yotokusha.co.jp/
印刷所　（株）天理時報社
〒632－0083 天理市稲葉町80

ISBN 978－4－8426－0123－6
定価は表紙に表示してあります。